一读就上瘾的心理学

董光恒 著

台海出版社

图书在版编目（CIP）数据

一读就上瘾的心理学 / 董光恒著. -- 北京：台海出版社，2021.1（2024.7重印）

ISBN 978-7-5168-2533-4

Ⅰ.①一… Ⅱ.①董… Ⅲ.①心理学—通俗读物 Ⅳ.①B84-49

中国版本图书馆CIP数据核字（2020）第230810号

本书中文简体版由北京行距文化传媒有限公司授权天津当当科文电子有限公司在中国（不包括香港、澳门、台湾）独家出版、发行。

一读就上瘾的心理学

著　　者：董光恒

出 版 人：蔡　旭　　　　　　　　　　封面设计：仙　境
责任编辑：曹任云

出版发行　**台海出版社**
地　　址：北京市东城区景山东街20号　　邮政编码：100009
电　　话：010-64041652（发行、邮购）
传　　真：010-84045799（总编室）
网　　址：http://www.taimeng.org.cn/thcbs/default.htm
E - mail：thcbs@126.com

经　　销：全国各地新华书店
印　　刷：大地飞达（天津）印刷有限公司
本书如有破损、缺页、装订错误，请与本社联系调换

开　　本：880毫米×1230毫米　　1/32
字　　数：182千字　　　　　　　　印　　张：10
版　　次：2021年1月第1版　　　　印　　次：2024年7月第4次印刷
书　　号：ISBN 978-7-5168-2533-4

定　　价：49.00元

序

心理学的知识浩如烟海，穷尽一生可能也无法了解全部——其实，大部分的内容你根本不需要了解。

在大学图书馆里，心理学书籍是借阅频率最高的，其中《梦的解析》借阅量很高（不止心理学范畴），但大部分读者只读了前几页，那几页已经泛黄，而其他部分却依然和新书一样；《心理学与生活》紧跟其后，也没有多少人坚持看完第一章。有多少人怀着热情欢欢喜喜翻开阅读，最后泪流满面拂袖而去，从此与心理学成为路人。

通俗读物尚且如此，专著作品的阅读状况更可想而知了。所谓"死读书"，就是拿起一本书，从头开始细读，一个一个细节去抠，一个一个知识点去记。最终你可能掌握了一些细枝末节的知识，却很难全面把控学科知识的内核。在细小之处耗费了太多的时间，却没有收获足够的成就感，绝大部分人都因为这一过程极度枯燥而选择放弃。

心理学有个术语，叫"认知地图"。当你看地图的时候，会对全局有一个整体的了解，而如果知识的宏观框架就在你的脑中，你就是活地图。

学习也是如此。如果有人梳理出框架，你就可以用最短的时间对核心思想有一个整体了解，来省下大量入门的时间。

本书为大家梳理了心理学发展史上具有代表性的大师们，他们的思想对心理学的发展有着重大的影响，甚至目前的研究仍然在继续发展或融合他们的理论。

在人物的角度之外，本书也横向概括了人类心理学核心内容的研究进展，比如智力测验、精神疾病、心理咨询、学习与记忆、言语思维、情绪情感和自我意识等，努力打破学派和理论的界限，让初学者的入门更迅速。

这些大师将从神坛上走下来，变成一个个活生生的人。

但是必须强调：所有的知识和理论都是严肃的。

这不是一本不严肃的非学术著作。

目录

1

探索者弗洛伊德

神秘的大师——魅力有高低，老弗数第一

1912年，冬季，维也纳。

飘扬的雪掩盖了人们匆忙的脚印，但掩盖不住城市的繁华。

每隔几天，就会有一封塞满滚烫句子的情书寄到维也纳第九区贝格街十九号，西格蒙德·弗洛伊德先生的家里（这座房子现在是弗洛伊德纪念馆）。写信的人是当时迷倒无数欧洲贵妇的诗人里尔克。当然，这些信不是写给这座房子的主人弗洛伊德的，而是写给住在弗洛伊德家的万人迷莎乐美的。

莎乐美是谁？

1861年，莎乐美出生在圣彼得堡，父亲是沙皇手下地位显赫的将军。她的出生是件大事，据说连沙皇都给她的父亲写了贺信。莎乐美

有三个哥哥，因此受男性行为方式的影响很深，她的性格、行为出现了诸多男性特征。

虽然如此，莎乐美仍是当时的欧洲女神。无数哲学家、文学家和诗人都拜倒在她的石榴裙下（据说思想家保尔·李和尼采都曾向其求婚）。这些粉丝里面最忠实的就是诗人里尔克。

1897年，诗人里尔克（二十二岁）初次见到莎乐美（三十六岁），便被其美貌与才华迷倒，向她发起炙热的感情攻势，写了无数滚烫的情诗。情诗似乎很有用，赢得了莎乐美的芳心。但遗憾的是，激情总会褪去。1901年，莎乐美向里尔克提出分手。失恋的里尔克心情低落，但才华爆发，也更受欧洲贵妇的欢迎，频繁受邀去其城堡诵诗。但里尔克一直挚爱莎乐美，不断给她写情书，直到1926年去世。

就是这样一位集贵族小姐的高雅、知识女性的独立与交际花的手段于一身，迷倒了几乎所有和她接触过的优质男性的"神仙姐姐"，却在五十岁的时候，迷上了弗洛伊德和他的学说——精神分析。

1911年，莎乐美认识了五十五岁的弗洛伊德，她"主动地、毫无保留地、热情地"投入了其思想的怀抱，开始学习精神分析。但弗洛伊德却说莎乐美对他"没有一丝异性的吸引"。

为什么弗洛伊德有如此魅力？

首先，人帅。精雕细琢过的特有型的胡子，帅气的脸上挂着几丝忧郁，手里夹根雪茄，给人美的享受。

其次，钱多。弗洛伊德是当时远近闻名的心理医生，很多人都半夜三更排队、托关系来找他治疗。他的收费是相当昂贵的，加上著书立说、讲座传道等，收入不菲。后来莎乐美因为俄国爆发革命失去了经济来源，弗洛伊德一直给她无偿资助，直到她去世。

再次，闻名。弗洛伊德的理论风靡世界，在当时是占统治地位的心理病理学思想体系，他频繁被邀请到世界各地讲学，他参加的每一个国际会议都人满为患，主办方收入颇丰，赞助商也纷至沓来。

欧洲各国自不必说。1908年，弗洛伊德访英后不久，接到美国麻省克拉克大学校长史坦利·霍尔的邀请，前往美国参加该校建校二十周年讲学。1909年，弗洛伊德访问美国。在此期间，弗洛伊德的理论像台风般席卷美国学术界，其演讲集还被编成了《精神分析五讲》。同年，弗洛伊德著作的英译本在美国出版。用弗洛伊德自己的话描述就是："自我们访问美国之后，精神分析学在美国一直'屹立不倒'。"

最后，也最重要的是，神秘。弗洛伊德的"精神分析"理论带有很多的神秘成分，像谜一样，容易使人怀疑人生，甚至产生巨大的心理阴影。

无意识理论——心灵创伤事，不得见天日

其实，弗洛伊德提出"精神分析"理论最初的目的是尝试治疗神经症。精神分析理论的核心概念是"无意识"。

什么是无意识？

举个例子：小明是一个发育迟缓的小男孩，喜欢上了班花小花。小明狠了狠心，在某个月黑风高的夜晚，尾随小花，在没有人的拐角处，塞给她一封情书。在情书里，小明向其热切而真挚地进行了表白，信里画了很多红得刺眼的桃心，还写了很多把自己感动得流泪的句子。

第二天，小明发现小花把他的情书贴在学校的宣传栏里，并号召大家围观、评价。于是同学们唇枪舌剑，进行了为期一周共9轮的辩论

大赛。正方夸小明胆子大，文采好，感情投入，是未来的作家；反方评价小明癞蛤蟆想吃天鹅肉，应该给他众筹买个镜子回家照照。还有很多看热闹不嫌事大的同学持续跟帖和点赞。

于是，小明登上了学校头条，几乎遭到了全校所有人的嘲笑。结果，在以后的一段时间里，小明都不敢抬头看人，感觉每个人都用奇怪的眼神看他。每当有人提起此事或类似故事，小明都感觉他在指桑骂槐，恨不得马上找个地缝钻进去。可以说，这件事深深地伤害了小明的自尊心，也影响了他对女性的看法。

上大学时的小明，身高一米八，体重一百八十斤，一身结实的肌肉，打球能扣坏篮筐，帅得让女同学尖叫，还是个"学霸"。同时，换了新的环境，已经没有人还记得他的狼狈往事。他似乎也想不起这件事了。

但是，每次遇到心仪的女孩，试着鼓起勇气表白时，小明都担心得不行，心跳和血压飙升——脸红脖子粗不说，话也说不出来。这种恐惧与他的外形完全不相称。小明非常痛恨自己的胆小，不知自己的勇气去了哪儿，甚至怀疑自己性取向与众不同。他也尝试过喜欢周围的男生，但只需要瞥一眼喜欢的女孩，就会把所有的胡思乱想忘掉，甚至想利用男性朋友来讨女孩欢心。

小明想不通，去找心理医生。

正好，那天值班的心理医生，就是西格蒙德·弗洛伊德。

弗洛伊德首先拿出一本自己的新书——《梦的解析》，让小明买了一本。随后，他开始滔滔不绝地跟小明讲起了他的理论。小明虔诚地掏出笔记本，草草地记下几个似乎听得懂的地方。

1.每个人都会产生某些欲望。比如，小明喜欢小花。

2.不是所有欲望都有机会被满足。比如，小明喜欢小花，可是人家是女神，小明是丑小鸭。

3.人会努力压制自己认为不符合社会规范的欲望和冲动。虽然小明喜欢小花，但是鉴于以上差异显著的对比，小明知道表白等于自找没趣，甚至会成为笑话，于是把欲望压抑在心里。时间久了就好像不再暗恋她，这事似乎也不再困扰小明了。

4.这些被压抑在内心深处的欲望跑到哪里去了呢？是的，弗洛伊德认为它们跑到无意识里去了。不论小明是否还喜欢小花，小花都藏在小明很深很深的心底。

5.这些被压抑在无意识中的想法仍影响着小明的生活和行为。弗洛伊德警告小明：如果你控制不好自己的欲望，就可能表现为神经症症状，即神经错乱。尽管你感觉不到它的影响，但其实你已经病了。

简单结论就是：你得病了，并且必须得进行心理治疗才行。

小明不知所措、六神无主，弗洛伊德安慰他说，他会帮小明想想破解的办法。

　　小明同学回家后，开始思考困扰自己的问题。慢慢地，他发现自己的这些行为都可以用无意识进行合理解释：因为每次回忆都带来满满的伤痛，他便将当初强烈的带有伤害性的经历压抑在内心深处，也就是进入"无意识"了。时间久了，他似乎已经想不起这件事情来了。但是，正如弗洛伊德所说的：尽管将这些痛苦记忆压抑到无意识里了，但无意识里的这些记忆（尽管小明回忆不起来）依然深深地影响着当前的行为选择。

　　这就是"无意识"。

　　说白了，无意识就是你意识不到的意识。它就像你内心深处的小黑屋，里面藏了很多的小秘密。你可能忘了小黑屋的存在，也记不起里面的小秘密，它们却没有放弃争取自己的存在感，时常渗漏出一些想法，影响着你的行为。

　　小黑屋是什么样的？我们能否找到它？

　　要理解小黑屋的存在，必须先理解弗洛伊德的"意识层次理论"。

　　弗洛伊德认为人的意识分为三个层次。

　　意识，就是你对外界和自身的觉察与关注。

　　现在把视线从书上移开，把注意力集中到你的思想上，有没有发觉内心有一些观念、意象或情感不断地流过？对，这种能够被自己觉察到的心理活动就叫意识。

比如，午饭吃肯德基还是麦当劳？隔壁办公室的王二妞有男朋友了。诸如此类。

无意识，是指人类心理活动中，不能简单认知或没有认知到的部分，是人们"已经发生但并未达到意识状态的心理活动过程"。

小明把喜欢小花的想法压抑在内心深处。这种潜伏着的难以被觉察的思想、观念或痛苦的感觉、意念、回忆却影响着人的生活。一般情况下，潜伏着的意识不会被个体所觉察，但当我们的控制能力松懈时，比如在醉酒、催眠状态或梦境中时，它们偶尔会出现在意识层次里，让个体觉察到。

前意识，在意识与无意识之间，如同空气与水面分割的地方。

它就像大楼里的门卫或保安，控制着人们的进进出出（意识和无意识的交流）。如果保安喝醉了，或者睡着了，那么外面的人就可以趁机溜进去。

仔细观察，生活中我们有很多无意识的行为。比如不经意地挠头皮、摸鼻子等。如果我们把这些日常活动用视频记录下来，在回看的时候一定会人吃一惊：我们怎么会有那么多我们没有意识到的动作。同样，在现实中，我们很多人在面对问题情境时的第一选择，往往是没有经过理性思考的，更多是一种无意识行为。比如，有些人在面对陌生人时的第一反应是退缩，在面对困难时的第一反应是怀疑和否定自己等。这些决定你反应的内容，你看不到，甚至不知道它们的存在，但它们却对你产生着巨大的影响。

这些隐藏的东西就是你的无意识。

而你，只需要找到文件夹的位置，输入密码，就能找到你收藏的东西。这种特定的操作，就像是前意识。

现在的问题是：由于某些原因，你把收藏文件的路径或密码忘了。于是你再也找不到那些文件，也无法打开它们了。某个和现任吵架的时刻，你非常想回忆往昔，于是你郁闷、愤怒，然后失眠了。

怎么才能找到它们的破解密码？这就像怎么才能让人回忆起压抑在内心深处的记忆一样。

别担心，弗洛伊德能帮你。这就是我们后文要讲的精神分析的工具。

补充：在很多书中，"无意识""潜意识"的概念差不多，经常混用。为了避免混乱，我们在本书中统一使用"无意识"。

工具一：释梦——周公来附体，弗爷去解梦

上一节提到：你收集了很多曾经的照片，却忘了保存文件夹的路径和密码，然后茶不思饭不想，生活没了乐趣。

精神分析强调，只要"挖掘"出脑中导致心理疾病的无意识（深层原因），就可以顺藤摸瓜，把该疾病彻底消除。因此，关键的一步是：怎么才能找到密码？从精神分析的角度讲，就是挖掘无意识的工具是什么？

意识压制着无意识的气焰，无意识不断尝试挑衅意识的权威。

在精神分析理论里，一个人意识越清醒，本能欲望就越没有活动的空间；相反，一个人的意识越模糊，无意识中被压抑的本能就越活跃。

精神分析的工具就是要让你"迷糊"，然后引蛇出洞，将无意识里的记忆诱导出来，然后加以分析和干预，进而消除心理疾病。

我们先从弗洛伊德最著名的著作开始吧。

《梦的解析》，也就是卖给小明同学的那本书。是的，弗洛伊德在研究梦。从宏观上说，弗洛伊德和周公处于同一个研究领域。和周公的著作一样，《梦的解析》被认为是一部经典著作，是现代图书馆里被借阅最多的图书之一。

不过在当年，这本书的销量那是相当惨的。《梦的解析》出版后六年只卖了351本。

为什么研究梦呢？因为弗洛伊德认为梦是窥视心灵黑屋的"夜视仪"。正所谓"日有所思，夜有所梦"，小明白天对小花倾慕有加，可人家从未正眼看他，理性的他知道自己痴心妄想；晚上在梦里，作为自己王国的主人，他才得以尽情释放自己的欲望。

因此，精神分析理论认为：分析一个人的梦就可以知道他藏在内心深处的想法。

解析梦，这可是咱们传统文化的内容之一。自周公开始就有了系统的解梦理论，还出了一本畅销书——《周公解梦》。

历史上，记载了很多梦与解梦的故事。

故事一：

三国时曹操做梦，梦到三马同槽（曹），怀疑马家造反（马腾、马超、马岱），于是杀了马腾。结果证明杀错了。后来真正崛起的是司马家（司马懿、司马师、司马昭）。最终，司马炎于265年逼迫曹奂禅让，曹操辛苦建立的基业拱手让人。

故事二：

南北朝时期，宋少帝刘子业是一个极度荒淫的帝王，他常令宫女们赤身裸体地在宫里互相追逐取乐，不从者立斩不赦。一天夜里，刘子业梦见一个宫女痛斥他无耻。少帝大怒，醒后召集所有宫女，发现其中一个与梦中所见颇为相像，于是不容分说，将她拖出去斩首示众。

1900年，弗洛伊德出版了《梦的解析》。如前面所说，一时"洛阳纸贱"。但这一著作出版之后，梦开始被视为到达无意识的捷径，对梦的分析成了精神分析的重要手段。

梦的内容能反映人们的无意识，我们可以通过对梦的分析间接了解病人的深层次心理问题，进而对"梦"所反映的无意识内容进行检视。通过分析你的梦来看清你内心深处的想法。

如何释梦呢？

医生要依据自己的人生经验及对生活的理解，把来访者（被分析的人）的心理感受与自己的心理感受相联系（将心比心），进而理解他的意图。当你理解了之后，再把这样的理解反馈给做梦人，进而帮他解释他的心理状态。一句话就是，根据自己的想法去理解对方的梦，再反馈给做梦的人，确认是否适用。具体操作是：

来访者在听到医生的解释后，能够更清楚地了解自己目前的情感、态度和行为方式（现象学），并且能够更多地明了自己内心深处的欲望和动机（无意识的），看到自己的情感、行为方式是如何受动机、欲望的推动和影响的（动力的因果机制）。同时，也能认识到当前所采用的心理活动方式是否能够真正有效地满足他的心理需要，实现他的无意识欲望、愿望（行为效果与欲望的关系——行为的意义）。当来访者接受了医生的这些解释时，他的思维、情感、防御方式和行为等就会发生相应的改变。由此，解释起到了心理治疗的作用。

弗洛伊德认为，人类的心理活动有着严格的因果关系，没有一件事是偶然的，做梦也不例外——梦不是偶然形成的联想，而是你"被压抑的愿望和欲望"的释放渠道。人平时会压制自己觉得不对的想法，但在睡眠时，抑制力降低，无意识中的欲望会绕过看门大爷（前意识），通过伪装乘机闯入意识。因为当时你正处于睡眠状态，所以就形成了梦。因此，梦是对清醒时被压抑到无意识中的欲望的一种委婉表达。通过对梦的分析可以窥见人的深层心理，探究其无意识中的欲望和冲突，进而治疗神经症。

工具二：口误——祸从口误出，意由心中生

"口误"就是生活中我们无意中说的那些原本不打算说的话。

口误原本是非常细小的过失，人们一般不重视口误。但弗洛伊德对此非常重视，并将口误作为一个重要的内容纳入无意识理论中。弗洛伊德认为：从一个人的口误中往往可以发现潜藏在对方内心深处的秘密。

口误不就是说话时候脑子走神，嘴巴跟不上脑袋的速度，或者脑袋跟不上嘴巴的速度吗？但弗洛伊德认为口误并非偶然，相反，口误的内容往往是内心深处的真实想法的反映和写照。

举个例子：

你上大学后和一群狐朋狗友学会了抽烟，并且烟瘾很大。假期回

家，烟瘾犯了，但不想让爸妈知道，于是借口出去散步，实际是去偷偷抽烟。当你准备关门出去的时候，客厅里看电视的老爸顺便问了一句："出去干什么？"

你脱口而出："出去散个烟。"

分析：因为你脑子里一直想着烟的事，一不留神就有可能说出去，特别是在没有戒备的时候。如果你没有吸烟的习惯和想法，是不可能有这样的口误的。因此，这个口误就是你真实想法的外露。

如果你同意以上的解释，那么请看下一个例子。

你（男）和一群同学去小花同学（女）家吃饭，喝了一杯酒之后，眼中的小花变得迷人可爱，让你魂不守舍。这时，她老爸下班回来。你本来想说："叔叔，一起吃吧。"但脱口而出的是："爸，一起吃吧。"

周围的人表情凝固了，大家一起盯着你看了足足十几秒，然后一顿爆笑。

尴尬，很尴尬，特别尴尬。你当时很想找个地洞钻进去。

你的解释是：喝多了，脑子迷糊。

弗洛伊德的解释是：你喜欢小花同学，希望她爸爸成为你的"爸爸"。因为你无意识里在想这个事情，于是它在一不留神的时候就被表达出来了（说漏嘴了）。

如果你有点同意，那么再看下面的例子。

你开车上班，路上遇见了心仪已久的女同事，便顺路载她一程。她在副驾驶位置坐稳之后，你特别叮嘱："记得系好安全套。"

你说完后立刻意识到说错了，然后脑袋当时就蒙了，一时不知该说什么好。同事也是怔了半天，走了半程都一直沉默。

你的解释是："安全带"和"安全套"很近似，一不小心就说错了。

弗洛伊德的解释是：你对这位女同事有兴趣，因此当你说"安全带"的时候，你无意识里（甚至意识里）都是想着与她发生"安全套"相关的事情。因此，你口误说出"安全套"就是大概率事件。

再做几个练习题，分析一下口误的含义。

1.夏夜，几个哥们在大排档小聚，牛吹得比天还大，扎啤喝得比海水还多。一群人意气风发，挥斥方遒。直到你想要方便一下释放来自内部的压力，回来的时候顺口说："尿喝多了，酒就多……"

自我分析：我这无意识里口味很重呀。

弗洛伊德：你是真喝多了。

2.你是一个女生，很讨厌班里某个男生。他却总是找机会向你借这借那，今天借橡皮，明天借铅笔，后天借尺子。甚至被拒绝之后还是软磨硬泡，死缠烂打。

于是，在一次借东西的时候，你大骂："我不喜欢你。"

自我分析：我其实知道这个男生喜欢我，借东西也是他套近乎的方法，但我不喜欢他，希望他不要来烦我。

弗洛伊德：你分析得对。

看完上面的例子，你是否感觉弗洛伊德说的有道理：口误似乎真的有可能是我们某些真实想法的反映。

在弗洛伊德看来：人的精神世界好比一座冰山，清醒的意识只是浮出水面的那一小部分，在水面之下隐藏着的更大的部分是无意识。无意识的体积很大，且不是一潭死水，它里面也是暗潮涌动、门派林立、钩心斗角，互相征战攻伐，其间的任何冲突和纠葛都会给清醒的意识带来不同程度的影响。

口误就是无意识里门派斗争的结果之一。它只是改头换面伪装一下，通过"说错话"的形式表现真实的意图而已。因此，口误的内容往往是内心深处真实想法的反映和写照。

说错名字就是一种常见的口误。比如结婚那天，新郎把新娘名字说错，误说成前女友的名字。这说明，他内心深处还保留着前女友的位置。

弗洛伊德对此类口误的解释是：错误地说出了另一个人的名字，表明存在一种情感。但是由于种种原因，在当时的情况下不能完全将这种情感表现出来，就通过口误表达了出来。

这种方法似乎挺好，可以用来考察男友对其前女友的态度。

"提前考验"的手段也是精神分析师们强烈渴求，且努力创造条件实现的，因为进行心理治疗的时间是有限的，精神分析师不可能一直听你说话，然后等你口误。因此，他们必须创造条件，让你尽快口误。

精神分析师在与患者沟通的过程中，会努力去创造一种舒适放松的氛围，目的是使患者觉得安逸、安全，放下心理警戒，进而公开、诚实地表达自己的想法。在这种情况下，如果一个人自由地谈论自己，不管之前的心理戒备多么强烈，肯定会在某个时刻释放出自己的无意识，将自己真实的想法脱口而出。

简单地说，也就是创造放松舒适的环境，让来访者放松警惕，敞开心胸与你交流。因为，在这一过程中，前意识这位"保安"就有可能放松警惕，无意识里的东西会趁机游荡出来，然后在不经意间让你"口误"。

工具三：移情——灵魂附真体，不知爱错人

据史书记载，唐玄宗风流成性，内里是个情种。虽然他在位时嫔妃众多，但大多数只是一时之欢，能够博得真情并长久地在他心中占有位置的女人很少。

这其中，唐玄宗最钟情的就是武惠妃。武惠妃一人获玄宗专宠近二十年，这对被美女环绕的皇帝来说，是极少见的。当武惠妃四十多岁去世后，玄宗伤感不已，极度空虚，进而导致了长久的郁郁寡欢。

直到三年后，他遇到了他和武惠妃生的儿子的媳妇（儿媳妇）——杨玉环。一眼看去，这分明是年轻时候的武惠妃呀。

于是杨玉环被他抢了过去，自此，也被玄宗极尽温柔专宠，所谓："回眸一笑百媚生，六宫粉黛无颜色。"

唐玄宗把他对武惠妃的感情一股脑倾泻到杨玉环身上，开始了长达十五年的专宠。

同唐玄宗一样，在心理治疗过程中，病人也可能将医生看成是过去与其心理冲突有关的某个人物，并不自觉地将自己的体验、态度、幻想等情感转移到医生身上，从而有机会重新"经历"往日的情感。

这，就是移情。

我们通过分析唐玄宗和杨玉环的关系可以理解唐玄宗当年的心理创伤。同样，在心理治疗中，如果病人的无意识通过移情展现出来，那么我们就可以通过对这一移情的分析进而理解病人内心深处的无意识冲突。因此，对移情的分析就成了通往病人无意识的另一条途径。

什么是移情？这里不是"移情别恋"的"移情"，而是指将自己的某个情感转移到眼前人身上。就像某一时刻，你突然感觉对面的医生灵魂附体，成为你心中某个人物的化身。

举个例子：

有一位中年女患者在每次治疗的开始和结尾，都会讲一些有趣的故事或笑话，尝试逗医生开心。这在人与人日常聊天的过程是非常正常的事，但在患者和心理医生之间就显得不正常了，患者明显在取悦医生。

这极可能发生了移情现象。

果然，医生进一步分析发现：她的童年是很不幸的，有一位忧郁冷淡、缺少爱心的母亲。她小的时候和母亲说话，都是在努力取悦母亲，希望获得母亲的关注。因此她会非常关注母亲的笑容，如果母亲的脸上没有笑容，则表示母亲在生气，接下来她将要面对的可能是冷漠甚至暴力。

移情使她把对母亲的体验投射到医生身上。因此在每次心理治疗时，在她的无意识中，只有看到医生的笑容，她才会安心，才可以确认母亲或医生没有在生自己的气。这表明，她将对母亲的感情移植到医生身上了。而医生可以通过对患者这一"移情特征"的分析发现这一行为背后的病理原因。

在这个例子里，患者的神经症正在困扰着她现在的精神生活，尽管她不知道原因。医生通过对这个移情事件的分析，发现造成其神经症的原因：患者无意识中深受母女关系的困扰，并承受着取悦母亲失败所带来的心理创伤。

精神分析治疗就是要极力发现这些情感和行动背后所隐藏的无意识的意义。

弗洛伊德认为移情是病人经过想象，将儿童时期所受的挫折或创伤（真实的或幻想的）及其所带有的强烈情绪逐渐暴露出来，并把这种情绪转移到医生身上的过程。这一结果使医生变成了患者爱或恨的对象，其强烈程度亦是早年情况的复制。

更多的移情结果是：患者会爱上医生。

患者是很容易爱上医生的。

一是，医生会真正尝试理解患者内心的想法，并站在患者的角度思考问题。二是，他们关注并尝试理解患者的每一个细节，关心患者的每一个经历及其感受。三是，为了便于治疗，心理治疗的过程一般都在舒适温馨的环境中进行，很少受到干扰。最后，也很重要的是，医生穿着非常讲究，至少有知识分子的表象。

毫无疑问，医生是用心在理解患者，关心患者，体贴患者。如果再有一点权威感和神秘感，加上一些外表的吸引，真的让人很难克制。

对神经症患者而言，这些吸引往往更加致命。因为他们患神经症的原因，很多时候都与缺乏爱相关。就像久未下雨而干涸皲裂的大地，急切地渴望绵绵春雨。而医生的关心、体贴，还有微笑就是一场滂沱大雨，滋润着他们干涸的心灵。这是很容易生长出一个绿意盎然的天地的。

那么问题来了：医生可以与患者发展两性关系吗？

当然不可以。因为这是严重违反职业伦理的。

心理医生通过分析和交谈，以及运用各种精神分析的工具，基本掌握了患者的状况。这时候的患者在医生眼里就是半透明的：医生知道他的过往，了解他的病根所在，明白下一步治疗方案应该从哪里着手。

而患者对医生的了解基本是零。

心理医生很容易操纵这段关系，因此在帮助他人的同时，必须管好自己的职业边界（心理大师荣格就曾经爱上了自己的女病人）。

为什么这种恋爱关系都是违反职业伦理的呢？

恋爱的基础是双方地位的平等，你拥有随时中断或退出这段关系的自由，而对方无法影响到你的这一选择。但是在以上的例子中：恋爱的一方对另一方具有一定的支配权，这就与恋爱的平等原则相悖。

工具四：自由联想——顺藤可摸瓜，班花变大妈

有人调侃说：老牛肯定是小牛变的，大妈可能是班花变的。

问题是：能否通过现在的表现推测过往的自己？

弗洛伊德提供了一个方法——自由联想，这也是精神分析必备的技能之一，操作非常简单。

医生要求病人毫无保留地诉说他所想到的一切，特别是那些自认为荒谬、离奇、难以启齿的想法。

你肯定嘀咕：我肯定不会把秘密的事情跟心理医生讲。

如果你有这种想法，那也是非常正常的。这种现象叫"阻抗"，也就是在自由联想过程中谈到某些关键问题时想不下去，或者不愿意想了。

阻抗有非常多的种类，比如以下几种代表性的表现形式。

沉默：病人不说话。

避重就轻：病人长时间谈论表面的、不重要的、相对没有意义的事件。

回避性的语言：刻意回避会带来痛苦的内容和经历（性、攻击等）。

刻板：在治疗中一成不变地重复某种例行程序。

迟到、失约、忘记付费……

阻抗有利有弊。

病人表现出阻抗是正常现象。可以想象一下，想让人讲出内心深处的伤痛是很难的，并且有些伤口都是自己舔了很久才慢慢愈合的。谁都不想再去揭开那些伤疤，即便是面对医生。

而如果你的患者未表现出任何阻抗，什么都能说，什么都能聊，这反而提示我们可能面对的是一位深度精神病患者，因为他连保护自己的想法都没有了。

医生怎么"透过现象看本质"？

面对无数天马行空的想象和各种形式的阻抗，医生内心一定是混乱和崩溃的。怎么才能挖掘出故事后面隐含的病理性原因呢？

通常，医生会通过来访者所表达出来的行为和叙述，探索来访者所面临的心理问题。

如果仅凭这些东西来判断一个人存在的心理问题，是不是有点不靠谱？确实相当不靠谱。这也是精神分析理论受到抨击的最主要方面：它带有极强的"主观性"，由医生来解释，只要能够自圆其说即可。可怕的是，我们很难证明医生说的是错的。

因此，面对一个病人同样的一段叙述，100个医生会给出100个解释，甚至同样的行为同一个医生分析两次，也会给出两种不同的解释。

但弗洛伊德不是这么想的。他认为，我们要通过与患者"随意"地聊天，侦查出患者无意识中的秘密。这一过程要求医生具有敏锐的洞察力，不但要观察已经说出的内容，更要具有透过现象看本质的能力。

弗洛伊德认为自由联想是有效的，原因在于以下三点。

原因一：顺藤可以摸瓜

我们可以通过一件事，联系出一系列事件。就像是"拽链条"一样，最终就把所有与某一思想（例如心理疾病及其症状）相关的"思想"摸出来，将它们联系起来，以解释当前的行为。

原因二：自由意志只是个传说

你正在想着什么？在你意识到它们之前，你的大脑就已经为你准备好了。医生也在引导着你联想的方向。比如，你正计划着晚上吃什么，有人突然问你一年前的同学聚会，你的思绪就会跳跃到那天与初恋重逢的情景。

原因三：破瓶可以重圆

据说，在一个大花瓶上绘有一张藏宝图，可花瓶藏在一个洞里，洞的出口太狭窄，必须打碎才能将花瓶取出，待文物修复高手将花瓶重新拼在一起后，才能得到藏宝图。

在这里，患者的无意识就是这个花瓶，狭窄的出口就是社会规范，修复文物的高手就是精神分析师，花瓶难以被顺利运出，被压抑的本能欲望只能通过被打碎的方式运出，精神分析通过努力将看似毫无意义的"思想碎片"拼接起来，进而洞察无意识中真正的秘密。

可怕的是，这个"思想碎片"没有任何编号和提示，因此极有可能拼凑出一个面目全非的作品。

举个例子：

一个已婚的女性，在自由联想的过程中自始至终都没有提到自己的老公。

顺藤摸瓜：两性关系很可能出现了危机。

联想引导：询问，"您的先生支持您的这些想法吗？"

破瓶重圆：通过其碎片性的叙述，拼接其与丈夫的关系特征。

在分析患者自由联想的故事情节时，关键人物的意义尤为重要，不管他有没有出现。而已经出现的意象，比如水、花、蛇、书、相片等都有着代表性的意象。

比如某个大龄未婚的来访者，在做自由联想的时候说，"自己在河边洗脚，突然被蛇咬了一口，然后自己轻轻就将其甩开。"医生通过分析，可能会认为来访者在努力直面自己的性需要。

老弗看人——人性本邪恶，禽兽亦不如

我们要善待他人，回报社会，这是社会向好的基础。但我想提醒的是，在善待他人的同时，永远不要低估人性中的恶。这一点在弗洛伊德的理论中也有详细论述。

举个例子：

三十岁的小明，没有女朋友，此时如果有一个大美女坐在他身边，他脑中可能会出现几个不同的声音，而且吵得不可开交。

A说："近水楼台先得月，快把她扑倒。"

B说："太粗鲁，太野蛮。我是一个好人，我们应该坐下来安静地欣赏她的美。"

C说："A君你就是个畜生，B君你就是个懦夫，你们活该单身一

辈子。据我分析，美女是一个人来的，可能没有男朋友；刚才我"不经意"地冲她笑了一下，她也对我笑了一下，说明对我印象还行。我找个话题和她攀谈下，先拉近距离。"

是的，你脑袋里的这三个声音，就是弗洛伊德认为的人格结构的三个"我"。弗洛伊德认为人格结构由本我（A）、自我（C）和超我（B）三部分组成。

先讲讲**本我**。

本我指"动物"属性的你，它靠动物的本性驱动。人是哺乳动物，当然也会带着很多动物共有的属性和欲望。你的吃喝拉撒，以及对配偶的选择，本质上都为了把自己的基因最大化地延续下去。因此，本我就是动物生存所需的基本欲望、冲动和生命力的展现。

本我的特征是"怎么快乐怎么来"（快乐原则），它不理会社会道德，无视外在的社会行为规范。它唯一的追求是获得快乐，避免痛苦，求得个体的舒适、生存及繁殖。同时，它又是无意识的，个体平常觉察不到自己这些欲望，但它们时刻存在着。

是的，每个人的内心都有一头野兽，都想追求和满足自己的欲望，都想让自己快乐。在这个层面上，什么社会道德，什么行为规范，统统靠边站，都是追求快乐的过程的绊脚石。

如果任由本我自由活动，那么我们看到好吃的就想抢过来吃，看到好玩的就想抢过来玩……

但是，你并没有这么做。因为有**超我**。

如果每个人都发挥自己的动物本能，这个世界不就乱了吗？为什么大家都没有做出这种行为呢？

因为人类已经具有了部分超越"动物"的属性。人作为高级的社会动物，有各种各样的社会规则和法律，这些约束着我们的行为，一旦违反就会受到相应的惩罚。因此，社会属性让我们变得约束和自律，并富有同情心和奉献精神。这就是超我的作用。

超我，是人格结构中代表"理想"和"美好"的部分，它是个体在成长过程中，通过将外部的社会规范内化为自身的道德约束，将社会及文化环境的价值观念转变成自身的价值观而形成的。其机能主要负责监督、批判及管束自己的行为。

超我的特点是"追求完美"。超我要求自我按社会可接受的方式去满足本我，它所遵循的是"道德原则"。超我大部分也是无意识的，很多对社会有益的决定可能是未经思考就做出的。

也就是说，超我是人格系统中的专管道德的"司法部门"。它就像是社会道德、社会禁忌、权威者的代表，负责监督和控制本我。

最后是**自我**。

自我，是自己可以意识到的思考、感觉、判断或记忆的部分。

本我和超我之间的连接层即自我。自我一方面安抚着本我，让它别闹事；一方面又受制于超我，听从超我的命令。它必须在本我和超我之间协调，促使双方最终达成妥协。因此，它遵循"现实原则"。

对一个心智健全的人而言，本我、自我和超我这三大系统是和谐统一的整体，它们的密切配合使人能够卓有成效地展开与外界环境的各种交往：既要满足人的基本需要和欲望，又要实现人的崇高理想与目的。

一个人的行为表现，是"绅士"，还是"禽兽"，都依赖于我们大脑中本我、自我和超我三者之间相互作用、相互斗争的结果。

如果本我占上风，人就表现得自私、暴力、贪婪，像禽兽一样生活。

如果超我占上风，人就表现为喜欢帮助他人，维护社会道德，通常以好人的形象出现在世人面前，极限超我就是圣人。

如果自我占上风，人就表现得很现实，时刻依据情境计算自己的利弊得失。

动物生存的本能促使一些人一味追求满足自己的欲望，甚至做出"损人利己"的事情，所以我们称他们为"禽兽"。而有的人以破坏为乐，经常做"损人不利己"的事情，这样的人"禽兽不如"。

所以，人和人交往时，千万不要低估人性中"禽兽"（恶）的部分。因为恶是人性中最底层的一部分，它是天生的，也是促使我们演化到现在的驱动力之一。尽管这头野兽日常被笼子困着，但在某个时刻，它可能会逃脱束缚，做出恶行来。

　　恶是进化带来的与生俱来的特征，相反，由超我衍生出的善则是稀缺品。

性本能——世人皆为性，繁衍才会赢

低矮的石头房子坐落在密林中间。一片浓雾飘荡而过，仿佛一头白色的巨兽将其吞没。房间里潮湿昏暗，一个老人披着破旧的床单席地而坐，老人干裂的嘴唇哆嗦了几下，声音仿佛挣扎了很久才侥幸离开嘴唇。

老人说：儿子，我恐怕老得不行了，时间不多了，你过来靠近我，我告诉你个秘密。

儿子将耳朵贴近父亲的嘴边。

老人抖了抖自己的嘴唇，冒出人生最后一句话：

"我好想再谈一次恋爱！"

不要嘲笑这个临死还想谈恋爱的老人。思考一下，你每天梳着光亮的大中分头（太土了），喷很多发胶；或者每天花数个小时对镜贴花黄，为了啥？你说我这是尊重老爸老妈遗传给我的这张天生丽质闭月羞花的脸。是的，虽然正确，但不够深刻。

弗洛伊德说，你的根本目的，是为了获取性优势。说白了，你是为了让自己更具有性吸引力（对异性），或者有更大的性竞争力（同性之间）。

你初次听到这个解释的时候，可能心里很不舒服。这种反应是正常的。但是，如果你愿意思考，那么请坐下来，抛去杂念，认真反思一下："生活最根本的意义是什么？"

请不要说那些虚无缥缈的口是心非的给别人看的东西，请在内心深处问问自己，你天天做这些事情都是为了什么。

你的答案是"生存"吗？

那生存又是为了什么？

是"性"吗？是"繁衍后代"吗？

各位读者，我们讲到现在，我举的例子很多都是跟"性"有关的。不是我有这癖好，而是因为弗洛伊德的理论主要就关心这个。他直接说，人活着就是为了追求"性"满足。

是的，人的本能就是：性本能。

本能是推动个体行为的内在动力。弗洛伊德认为人类最基本的本能就是"生存"，它包括性欲本能与个体生存本能，其目的是保持种族的繁衍与个体的生存。弗洛伊德认为"性"是人心理的原动力，是人做事情的动机，也是做事情的根本目的。

我们举几个动物界为了后代而牺牲自己的例子，来说明"繁衍"的驱动力有多强。

螳螂，螳螂在交配的时候，母螳螂总担心未来产卵的营养不够。为了补充营养，公螳螂会被母螳螂吃掉。

有些鱼类，比如大马哈鱼，会在产卵季千里洄游，在产子后因为体力和营养不足而死掉。

已经怀孕的母老鼠在闻到巢穴周围有其他公老鼠的尿的味道时候，会终止妊娠。因为这表明此地占支配的公老鼠已经换了，原来的公老鼠被打败了（公老鼠靠四处撒尿划势力范围）。终止妊娠可以尽快为新来的老鼠留出子宫，因为新的公老鼠能打败原来的老鼠，说明其具有更优良的基因。

在动物界，很多动物在它们完成繁殖任务之后，为了不跟子代竞争有限的资源，会很快到达生命尽头。当然人除外。

人是由动物演化而来的，那么人自身带有很多动物的特性也是必然的。尽管人类已经有十几万年的历史和七八千年的文明史，但相比近四亿年的物种演化史，这只是非常短的一瞬。短暂的人类文明史还无法抹去我们身上内置的动物特性。

不过，这里必须声明一点，弗洛伊德的"性"不是咱说的那个

"性"。弗洛伊德是泛性论者，在他的眼里性欲有着广义的含意，是指所有使人们产生快感的行为。

如果抠鼻屎使你有快感，那么在弗洛伊德的理论体系里，这也是性的一种。你的鼻子就是动欲区。

性本能冲动是人一切心理活动的内在动力，当这种能量系统（弗洛伊德称之为力比多）积聚到一定程度时就会造成机体的紧张，需要寻求途径来释放多余的能量。你的"性"能量就像地下的岩浆，随着时间的不断累积而日益增多，因此就需要找宣泄口。如果宣泄方式恰当，底下岩浆就可能以温泉等有益的形式释放，造福于人类；如果岩浆被长期压抑得不到释放，就可能成为火山，在某一天突然爆发，造成大面积的破坏。

火山内涌动的是岩浆，而人体内涌动的叫力比多。

性本能和我们上次讲到的"本我"一样，是按照"快乐原则"行动的。它既包括性行为本身，也包括许多追求快乐的行为及情感活动。

力比多是一种能促使生命个体去完成目标的能量，它是自然状态的性欲，又是心理的欲望或对性关系的渴求。性的宣泄渠道在不同年龄表现为不同的形式，对应身体不同的部位。

如果我们体内的岩浆（力比多）不能顺利宣泄，又难以冲破地表变成火山，就可能会造成严重的后果。对的，也就是俗话说的"憋坏了"。人本能的欲望如果憋久了得不到宣泄就会憋出病。

而相反，胡乱宣泄性能量的行为，就是性变态。

理解性变态，可以先从理解几个概念入手。

1.固结

弗洛伊德认为：人的性心理从初生到青春期性成熟要经过口唇期、肛门期、性器期、潜伏期及生殖期五个阶段。大多数人都可以顺利度过这些阶段达到成熟状态，但是，如果在上面的任何一个阶段，性心理发育出现停滞——性的宣泄方式停留在某一个阶段，而不是逐渐发展成熟，就会造成心理问题，我们称之为性心理固结。

2.退行

性心理固结在幼年性欲阶段的人，其满足性欲的最终方式便不是成年人的方式，而是用幼儿的方式以求得满足，进而减少当前宣泄中所遇到的挫折，这就叫作退行。如果这时候没有外来帮助，人就会不自觉地直接表现出幼儿般的性欲，以求得满足，从而形成各种性变态行为，比如露阴癖。

因此，性变态就是成年人性欲的非正常释放。

我们在讲人格的时候，提到由超我来限制和监控自己的行为。因为在现实中，我们不可能任由本我来自由发挥，比如，一个成年人表现出儿童式的性行为，如在公开场所向异性露出性器官（露阴癖）。

超我告诉你：这些都是违反社会道德准则的，为社会所不容的，必须要对其进行控制，要对这些行为动机进行干预。

如果这时自我控制力足够强，就可把这类幼稚的冲动完全抑制住。

如果此时自我控制力因某种原因被削弱了，在自我和幼稚的性冲动之间就形成对峙状态，构成致病性心理冲突，然后人的精神就得病了。

有被压抑的欲望并不一定会导致神经症。我们可以给性冲动化化妆，抹点脂粉，让其以不带性内容的形式表现出来。这样就可以既能使幼稚的性冲动通过某些行为得到满足，同时又可避免来自超我的良心有愧。比如：

有些人宣泄的渠道是艺术，他们可以成为艺术家，通过艺术宣泄其多余的力比多。

有些人通过成为慈善大使，施展爱心，宣泄自己多余的力比多。

晚年的弗洛伊德，从有心无力，逐渐过渡到无心无力。于是，他思考的人性就发生了一定的调整，他又发展出另一类本能：死亡本能，又称攻击本能，也就是说每个人身上有一种趋向毁灭和侵略的本能。

他的这一攻击本能的观点在学术界引起广泛批评。如果按照这个理论，希特勒领导的纳粹所发动的第二次世界大战，不过是其攻击本能的正常释放而已。

成长与性——小时不让恋，大了催婚忙

　　人的成长是一个连续变化的过程，也是和父母、环境不断相互影响的过程。如果有人说，男孩从小就将父亲视为情敌，而女孩从小就将母亲作为竞争对手，你是否感到不适，认为说这话的人一定疯了？

　　在精神分析的理论中，讲到孩子成长过程中"性"心理的发展时，弗洛伊德就是这么说的。

　　弗洛伊德认为，力比多（性驱动力）在人出生前就已存在，出生后开始发展。

　　我们提到，地球内部炙热而涌动的岩浆有多种释放方式，它可以转化成温泉，顺着裂缝缓慢涌出，也会长期压抑，以火山爆发的方式

喷薄而出。不同的释放方式代表了不同的状态。人也一样，不同的年龄阶段，宣泄的方式也不同。

弗洛伊德认为，在力比多发展的每一阶段，都有一个相应的身体部位或区域，成为力比多兴奋与关注的中心。该部位或区域的紧张可以通过一定的活动（如吮吸、抚摸）得到解除，从而使人感到满足，这样的部位或区域被称为性敏感区（或动欲区）。

按照动欲区发展的差异，弗洛伊德将力比多发展的整个过程，主要是从出生到青春期的过程，划分为五个阶段：口唇期、肛门期、性器期、潜伏期与生殖期。

1.口唇期（或口欲期）

年龄：出生到1.5岁。

动欲区：这个阶段是个体性心理发展的最原始阶段，其原始的性力集中在口部。婴儿可以靠吮吸、咀嚼、吞咽、咬等口腔活动，获得快感与满足。

疏解得好：若口唇期婴儿在吮吸、吞咽等活动中获得满足，长大后会有正面的口唇期人格，如乐观开朗，即口唇性乐观。

疏解得不好：若此时期的活动受到过分限制，婴儿无法获得满足，长大后将会产生口腔相关的行为问题，如咬指甲、烟瘾、酗酒、贪吃等；并会有负面的口唇期人格，比如悲观、退缩、猜忌、苛求等。

与科学观点联系：这一观点和现代发展心理学的结论有相同之处。研究发现，婴儿往往抓着东西就往嘴里送，因为这个阶段的儿童主要是使用嘴巴来感受这个世界，并通过吮吸等活动来获得快感。

注意事项：很多婴儿都有爱咬玩具和吮吸手指的习惯。父母的责任在于提供干净的玩具和经常给儿童洗手，不应该通过"打手""呵斥""束缚"等方式剥夺他们用嘴巴感受世界的机会。

但现代科学对把所谓的"烟瘾"等问题归结为口唇期没发展好的观点持反对意见。

2.肛门期

"拉粑粑"是有快感的，不信你憋两天试试。弗洛伊德认为幼儿有一个专门的时期，主要从排便中获得快感。这就是肛门期。

年龄：约发生在1.5—3岁。

动欲区：肛门。在这一阶段，幼儿能从粪便排泄时解除的内急压力中获得快感，因而对肛门的活动特别感兴趣。

疏解得好：在这段时间里，如果父母能配合幼儿养成自己控制排便的能力，就会帮幼儿建立起良好的习惯，使其长大后具有创造性与高效性。父母可以通过对幼儿的便溺行为订立规矩，加以训练，从而让子女养成良好的卫生习惯。

疏解得不好：如果父母训练过严，与幼儿发生冲突，则会导致所谓的肛门期人格。表现为两个极端：一种是肛门排泄型性格，表现为邋遢、浪费、无条理、放肆、凶暴等；另一种是肛门便秘型性格，表现为洁癖、强迫症、固执、小气等。因此，弗洛伊德特别强调父母对儿童大小便的训练不宜过早、过严。

3.性器期

年龄：约3—5岁。

动欲区：这个时期的儿童喜欢玩弄性器官。比如男孩喜欢摆弄自己的阴茎，或者在交谈中关注性器官话题，人多的时候，儿童的这些"淫秽"言语经常将家长弄得很尴尬。弗洛伊德认为，这是因为儿童进入了"性器期"。

性器期又叫前生殖期，动欲区是外生殖器。

儿童在3—5岁时，认识到了两性之间解剖学上的差异和自己的性别。因此，这一阶段力比多集中投放在生殖器部分，性器官成了儿童获得性满足的重要部位，表现为喜欢抚摸生殖器和显露生殖器以及性幻想。

疏解得不好：在性器期很容易发生力比多的停滞，会造成许多行为问题，如攻击和各式各样的性偏离等。

在性器期，儿童的性爱对象发生了转移。幼儿最初的性爱对象是自己身体的某一部位，此时则把力比多的兴奋向别人身上转移。由于父母为幼儿提供了生理上的需要和满足，因而成为儿童最初的性爱对象。

俄狄浦斯情结：在这一阶段的男孩总想要独占母亲的爱，父亲则成为和自己争夺母亲的爱的对手。因而，男孩对父亲产生敌意，形成了恋母仇父的情结。

厄勒克特拉情结：这一阶段的女孩对自己的父亲产生爱恋，母亲则被视为多余的人。女孩总希望自己能取代母亲的位置而独占父亲。这种恋父嫌母的倾向，弗洛伊德称之为厄勒克特拉情结。

儿童把父母作为自己性爱的对象，这一现象也对儿童的人格形成产生重要影响。儿童把自己和父亲、母亲等同起来，在行为上模仿父母，因此男孩的性格很像父亲，女孩的性格很像母亲。

但作为竞争对象的父亲或母亲都十分强大，最终以男孩认同父亲，女孩认同母亲而使心理冲突得以解决。

4.潜伏期

幼儿园的时候，小男孩和小女孩手拉手，打打闹闹，亲密无间；到小学之后，好像突然对异性小朋友失去了兴趣，喜欢和自己的同性别小朋友玩了。

年龄：小学阶段，约6—12岁。

动欲区：无。这时期的性力受到了压抑。这是由于道德感、美感、羞耻心等心理力量的发展造成的，这些心理力量与儿童时期的毫无掩饰的性力冲动是对立的。

原因：这种发展一半因为家庭教养和社会要求，另一半则因为躯体的发育。这一时期的性冲动暂时停止活动，儿童中止对异性的兴趣，更倾向于和同性者来往。

这个时期的最大特点是对性缺乏兴趣，男女儿童的界限已很清楚。但是性力的冲动并没有消失，而是转向今后社会生活所必需的一些活动——学习、体育、歌舞、艺术和游戏等。

疏导方法：不需额外疏导。小学是家长最放心的时期，不用担心早恋，且非常听老师的话。

注意不良引诱：儿童在这时期若遇到不良的引诱，就会产生各种性偏离。

5.生殖期

小学总会过去，中学必将来临。家长的苦日子来了……

年龄：初中，青春期来临。女孩的青春期在初中早期就已经开始，男孩的青春期在初中中晚期开始的更多。青春期是一个叛逆的时期，也是性发育走向成熟的时期。这时候孩子的身体迅速发育，开始对异性萌生好感。恰如春天，万物开始躁动，只等春雷炸响，春雨淅沥，浇灌万物。

动欲区：生殖期（或两性期）是青春期到成年期，亦是性成熟期，其特征是异性爱的倾向占优势。这时候性力发生两项基本转化。

（1）生殖区的主导作用超过了其他性感区的作用。

（2）性快感的形式发生了变化。进入生殖期之后，儿童可以体验到成人概念里的性快感。所以前些婴幼儿阶段的快感叫"先前快感"，而现在的叫"最终快感"。

表现：在小学的高年级，很多男孩开始喜欢招惹女孩，结果通常遭到女孩厌恶，甚至被打得鼻青脸肿。因为女孩通常身体发育早，身高体重都占优势，但男孩很快忘了被揍的经历，过一阵子再去招惹，照样挨揍。

原因：男孩开始喜欢和女孩交往，尽管可能不太明白原因。他们未找到恰当的交流方法，便通过"惹事—被揍"的特殊渠道实现和女孩交往的渴求。不过，即便被揍一顿，他们往往也会很开心。

更让家长操心的是：小男孩和小女孩要谈恋爱喽。

放手：可能早恋，荒废了学业。

不放：没机会练习，不懂异性心理，不知道怎么搭讪，或者说不知道怎么吸引异性，导致孩子未来在恋爱市场上处于弱势地位。

我们都知道要想球打得好，就必须"夏练三伏，冬练三九"，或者像"凌晨四点的洛杉矶①"一样刻苦。学习上也是，一首古诗不多背诵几遍肯定记不准。但在找对象这件事上，很多父母却相信孩子可以无师自通且不需要练习。

---

① 这是篮球界一个有名的段子，是当科比被问到"为什么如此成功"时的回答，即每天凌晨四点开始训练。

心理防御机制——尊严算什么，世人皆阿Q

　　假如你是一名职业拳击手，现在正和一个比你强大得多的拳击手对决。从场面上看，你明显处于弱势地位，已经被对手击倒三次，脸被打肿，视力模糊，几乎连还手之力都没有了。

　　现在，你是选择继续站起来挨揍，还是索性趴着认输？

　　与电影情节不同，现实中很多人会选择放弃，这也是理性的选择。

　　理想很美好，但现实总是残酷的。当理想被现实撞碎，成为一地鸡毛后，我们有两种方法来应对：一种是倔强地坚持下去，尽管结果往往是变得更加鼻青脸肿，就像拳击手，坚持越久受伤越重；另一种就是以某种方式给自己支离破碎的灵魂一个台阶下，给自己的失败找一个合适的理由，进而找到心理上的平衡。

这种"合适的理由"，就是心理防御机制。它是使你缓解心理压力、保持心理健康的重要武器。

鲁迅在小说《阿Q正传》中塑造了一个阿Q的形象。阿Q是一个社会底层人士，是一个备受屈辱的雇农流浪汉。但是，他在任何情况下都能自我安慰，把自己定义为"胜利者"。比如，被别人打了，他就用"这是儿子打老子"来解释，进而使自己在精神上取得胜利。

这个人物的精神胜利法被鲁迅称为"阿Q精神"。鲁迅描写这个人物形象的目的是让国人警醒这种自欺欺人的精神。阿Q本身是一个反面教材。

但是，结合上面拳击手的例子，我们或许会发现"阿Q精神"并不一定是错的：它起码对你目前的窘迫状态做了一个合理的解释。我们必须清楚：不是任何人都有足够的能力来满足欲望。凭借阿Q的能力，他毫无疑问不能也无力且不知道怎样去对抗这个社会。他的精神胜利法也是保证他生存下来的方式。相反，如果阿Q选择和这个社会直接对抗，他可能早已不在人间。

阿Q的生活，是每个月收入300—500银圆的鲁迅所无法理解的（当时北京的平均工资为15银圆，估计阿Q每月的工资只有1个银圆）。

在精神分析的理论中，超我和本我是一对冤家对头，它们之间存在各种各样的冲突和不一致。本我说："活着就行"，而超我则说：

"必须活出尊严"。它们打架的时候，人就会感到痛苦和焦虑。

可是，痛苦不能帮我们改变现实。

如果改变不了世界，就改变自己。于是，自我就站出来调停它们之间的冲突，在满足本我欲望的前提下，努力使超我的美好形象得以维持，进而达到缓和焦虑、消除痛苦的目的。

这里自我所调用的心理过程，就是自我防御机制。它包括但不限于以下方法：否认、压抑、解脱、认同、补偿、合理化、投射、转移、升华、幻想等。

必须强调，心理防御机制是生存的重要内容，人类在正常和病态情况下都会不自觉地运用心理防御机制。如果运用得当，就可减轻痛苦，帮助人们顺利渡过心理难关，防止精神崩溃；而运用不当就会表现出焦虑、抑郁等病态心理症状。

1.否认

小O与小X恋爱多年，但在二人谈婚论嫁时，小X突然变心，喜欢上了小Q。小O的朋友很担心她，都来安慰她。小O却很轻松地说："没事，我其实也　直感觉我们两人不合适……"

评述：在这里，小O把喜欢小X的想法压抑在无意识里，通过否认这一事实来保护自己。

2.压抑

小A有一个挑剔的岳父，多年来总是看不上他。当小A事业进展不顺利的时候，他就会借题发挥，冷嘲热讽，让小A十分压抑。于是，小A经常在一些事情上无意识地遗漏他，比如几乎从来不会在人前主动提及他，仿佛他的岳父不存在一样。

评述：人们都喜欢想象自己成功时的喜悦，比如连升三级、彩票中奖等。但我们很少想象遭遇车祸或贫困潦倒的状态。现实世界里，后者发生的概率有时要远高于前者。如果我们每次出门都要思考各种风险和威胁，将会无比焦虑。所以我们总是将坏的可能压抑在无意识里。这就是压抑机制的不自觉运用。

人会因为某种原因产生一些"能引起个人极大冲突和矛盾的念头、情感或冲动"而内心焦虑、激动。为了让自己平静下来，我们会努力把它们压制到无意识中。这是一种不自觉的主动遗忘和抑制。

3.解脱

小B打篮球犯规，把球友抓伤了。他感到很内疚，好几天都心神不宁。于是，他买了一些补品，送给受伤的球友。之后顿时感觉放松了，压力解脱了。

评述：人无论是有意还是无意犯错，都会感到不安、内疚或自责，尤其当事情牵连别人，令别人受到伤害或损害时。我们会用象征性的行为来尝试抵消已经发生的不愉快事件带来的不安，以调节自己的情绪以及补救自己心理上的不适感。

4.认同

小C感觉最近很不顺利，但是留着胡子的同事刘先生最近顺风顺水，于是小C决定留胡子沾沾运气。

评述：人会用不同的方式去肯定自己，或者给某些坏运气找一些解释。倘若在某些事情上经历挫折，便会选择模仿某些人或某些东西来尝试改变现状。

5.补偿

企业家D喜欢到寺庙捐钱，由他捐建的寺庙遍布数个省的名山大川。他这么做不是因为笃信佛教，而是为了降低他的负罪感。他在企业起步时做了很多错事，比如以次充好、污染环境等。这些经常让他感到不安，而捐钱可以大大减轻这种不适感。

评述：当一个人在生理或心理上因为有缺憾而感到不适时，会设法运用种种手段弥补这些缺陷，进而减轻自己的不适感，从而降低自己的自卑感和不安全感。

6.合理化

小E是一位事业有成的企业家，他和妻子有一个十岁的孩子，原本家庭幸福和谐，但他最近迷上了年轻漂亮的女秘书。他不断告诉好友，他喜欢女秘书不是因为她的美貌，而是因为女秘书是他的红颜知己加生意上的好助手。他说妻子是蛮不讲理的女人，经常跟他吵架。但他不反思妻子跟他吵架的原因，就是因为他喜欢上了女秘书。

评述：个体在某些行为违背良心时会用有利于自己的理由来为自己辩解，将面临的窘境加以文饰，以隐瞒自己的真实动机，从而为自己开脱。如狐狸吃不到葡萄就说葡萄是酸的；男孩追不到女孩就说女孩不好等。

7.投射

F先生工作之余经常光顾风月场所。但在日常交谈中，当对方谈及色情话题，他总是显露出十分厌恶的神情，表现为一副正人君子的模样。

评述：当一个人有某种念头或恶习，他往往会努力掩饰自己的行为，对这些方面十分敏感，努力表现出抵制的行为；或者把自己所不能接受的性格、特征或态度、意念、欲望转移到别人身上，然后指责别人、批评别人。

可见我们对他人的言行要谨慎判断。有些人平时是道貌岸然的正人君子，但其内心可能十分龌龊；而有些人平常似乎吊儿郎当，遇到事情的时候却正直可信。古人云"人不可貌相""路遥知马力，日久见人心"说的就是这个道理。

8.转移

因为工作原因，小G被领导教训了一顿。她下班后心情相当不好，于是各种挑男朋友的刺，说他不关心她、不爱她等。她男朋友本来心情不错，但是无缘无故挨了一顿抱怨，无处宣泄，看到趴在脚边的一只猫，于是一脚踹去。猫无缘无故挨了一脚，于是离家出走……

评述：在被人激怒或欺压时，人们的第一反应往往是做出报复行为。有时由于受到他人的社会地位，或者道德和社会规范的约束，因此他不可能直接向当事人发泄内心的情绪。于是，这种情绪就转移到了另外一个人或事物身上。

9.酸葡萄

小H喜欢上了单位新来的同事小花，但他多次苦苦追求都未成功。最初他以为小花不想谈朋友，但最近发现小花喜欢上了别人。这说明小花看不上他，小H很受伤。后来，小H和朋友说：小花虽然人美，但听说小花以前交过很多男朋友，并不是自己心目中公主的模样。

评述：当得不到自己想要的东西时，人们会有意无意地对其加以贬抑和打击，借此获取表面的心理安慰。

10.甜柠檬

小I吃饭时把喜欢的水杯打碎了，她说："岁岁（碎碎）平安"；逛街把钱包丢了，她说："花钱消灾"，朋友都开玩笑说她就差把自己丢了。

评述：生活中经常发生不如意的事，我们要学会努力去强调事物美好的一面。通过这一过程可以暂时安慰自己受伤的心灵。

11.反向形成

小J自从被女朋友分手之后，对女性的评价就极其负面，他认为"女人心海底针"。但是在日常生活中，他对女性极其客气礼貌，女同事都说他很温柔，是个标准的暖男。

评述：自认为不符合社会道德规范的内心欲望或冲动会引起自我和超我的抵制，如果表现出来则会被社会惩罚或引起内心焦虑。于是，就表现为朝相反的方向释放。

12.人格分裂

老K是上市企业总裁，知名企业家，同时也是著名的慈善家和社会活动家。他经常通过各种渠道在各种场合不断呼吁关注弱势群体，是一个道德情操高尚的人。但是在工作中，他对自己的下属异常苛刻、冷酷，并且在金钱上十分吝啬。

评述：有些人在生活中表现出的行为，时常出现矛盾与不协调的情况。甚至在同一时期，只要环境或生活范畴不同，则可能有完全相反的行为，就像马上换了另外一个人。

13. 升华

L女士酷爱美食，但身体某些指标，比如血脂、血压、血糖等频频超标，医生要求她必须节食以维持健康。虽然她开始按照医生的要求节制进食，但酷爱美食的本性经常困扰她。于是，她开始关注贫困地区孩子吃不饱的问题，四处宣传募捐。这些活动帮她很好地宣泄了对美食的欲望。

评述：将一些本能的行为，比如饥饿、性欲或攻击的内驱力转移到一些能够被社会所接纳甚至赞许的行为上，进而使积聚的本能得到释放。比如用跳舞、绘画、文学等形式来替代性本能冲动的发泄。

14. 理想化

小M常常在朋友面前称赞自己的老婆貌若天仙，大家都盼望着一睹芳容。但某日公司举行带家属的聚会，小M身边一位相貌平常的女子让大家大跌眼镜。

评述：有时候我们会对某些人或某些事给予过高的评估，按照自己理想的状态进行刻意的扭曲或美化，甚至脱离现实。

15.幻想

小O经常因为工作被老板骂，小O很气恼，于是在回家途中买了几张彩票，心想要是中了大奖，就去找老板辞职，并且想好了辞职理由，比如"世界这么大我想去看看"，想着想着，觉得自己轻松多了。

评述：当人无法处理生活中的困难或无法忍受困扰的情绪时，将自己暂时抽离现实，幻想一下摆脱这些困扰后的状态，会降低相应的负面感受。

16.退化

小P的父母管教极其严格，致使他养成了胆小怕事、缺乏自信的性格。成年后，虽学有所成，但在权威面前会有所畏惧，每次被别人批评或者感到委屈的时候，都会像小时候一样，跑到自己的房间里抱着布娃娃。

评述：为了避免失望和挫折，我们会运用孩童时期的方法来获取满足，甚至会选择放弃已经学会的成熟态度和行为模式，使用以往较幼稚的方式来宣泄自己的情绪。

前面提到，某些性变态人群就是如此，成年人遇到性的挫折，无法满足时就用幼年性欲的方式来表达非常态的满足，例如在异性面前暴露自己的生殖器等。

17.幽默

今天我跟同事小Q借钱，同事说："一百以下我能做主，一百以上得跟我老婆商量。"

我说："你不是连女朋友都没有吗？"

同事小Q："所以说没得商量。"

评述：以幽默的语言或行为来应付紧张的情境或表达比较尴尬的观点。在人类的幽默中，性爱、死亡、淘汰、攻击等话题是最受人欢迎的，它们包含着大量受压抑的思想。

关于精神分析——精分很主观，故事需自圆

虽然要学习心理学就绕不开精神分析，但并不表示它有用。

弗洛伊德的精神分析早已变为心理学史的一部分，鉴于它在心理学史上的强大影响力和对普通公众的强大吸引力，因而是我们不得不重点讲述的内容。但是，介绍它并不表示同意这一观点。

如果一个心理学家动不动就要对你进行精神分析那一套，那么他基本是个骗子。目前，弗洛伊德的精神分析更多类似一种哲学，它更大的作用是激发人们对文学和艺术创作的想象，而不是对科学心理学的研究。

想学心理学的同学们，千万不要从学习精神分析开始，更不要以

学习精神分析结束。

我的个人建议是：如果你只是想粗浅地了解一下心理学，或者未来不准备投身科学心理学事业，那么对精神分析的理解局限在我前面的章节内容就足够了。因为精神分析已经被现代心理学抛弃了，抛得很远，飞得很高，摔得很惨。

为什么精神分析会被现代心理学抛弃呢？

1.主观性

正如前面章节里的很多例子一样，精神分析的结果都是主观的，无法被证实，当然也无法证伪。这就陷入了"信则有，不信则无"的困境。

如果你抑郁了，精神分析认为你存在着某个"病灶"，一般是你童年所遇到的某件带给你心理创伤的事，包括你受了怎么样的忽视和虐待、正在憎恨谁等。他们关注你和抑郁症的关系，并努力从这些事情中重构出有"意义"的解释。

可能你只是想说：我失恋了。

2.故事性

精神分析的更多影响体现在激发文学想象上。因为精神分析本身就好像是个文学作品，只是相对晦涩难懂而已。精神分析的长处在于讲故事，而具有离奇情节的故事总是容易引起人们的兴趣。如果学一个枯燥的理论就像看侦探小说，那该多有意思呀。起码在这一点上，精神分析做到了。

首先，精神分析用故事征服了媒体。它用一些曲折离奇的经典案例，吸引了人们的目光。因此，在传播学上，它是成功传播的典范。

其次，精神分析用故事征服了"来访者（病人）"，经常给其创造一种"哦，原来如此"的顿悟体验。

比如医生通过联想和想象发现了来访者现在的恋爱模式与童年时与父亲的相处模式很像，于是说她有恋父情结。这种模棱两可的东西常常让病人觉得似乎有点道理，这个过程让病人觉得在"进步和成长"。

其实，每个人都希望给自己的困惑找一个合理的解释，而精神分析恰好满足了这点需求。所以，在科学高度发达的今天，依然还有很多精神分析的拥趸。当人所接受的知识超出了自己的常识，或一个苦思不解的谜题终于获得了一个答案，人都会产生顿悟体验，即便这种体验是错的。

3.诠释性

精神分析根本就不是一门科学，它更像一门探索心理现象的诠释学。

所谓诠释学，就是指专注于对事物意义进行理解和解释的理论和哲学。现代诠释学的奠基人海德格尔认为：诠释学是研究"只有通过理解才存在的那种存在者的存在方式是什么"的。

简单理解就是解释事物的学问：我不去探索事物产生的原因，我只负责解释已经出现的结果，我不解释它这件事就没这层意思。

比如，孔子当年说了些话，弟子们就凭记忆弄了本《论语》，但其言论在百家争鸣时代也只是一家之言而已，一直不受重视。直到汉武帝"罢黜百家，独尊儒术"才开始有起色。后来历朝历代的儒生开始注解论语，结合自己的时代背景和理解，解释孔子的话语。历史上，各类诠释型著作汗牛充栋，不胜枚举。

如果历史上有个事件，我们不断地按照自己的理解并结合当前社会发展的现状进行解读，就类似诠释学。精神分析就是干这个的，不过它诠释的是你的精神问题。

精神分析会使用很多歪曲事实的类比，通过发明很多古怪的术语，比如俄狄浦斯情结、阻抗、本我、超我、口唇期、肛门期、力比多等来建立门派壁垒。他们发明这些术语，不是为了构建学科体系，而是用这些他们发明的"术语"去解释和描述不能解释的心理现象。

至于这些"术语"的核心含义，往往也带有神秘色彩，并且可能随着理论的发展逐渐丧失其原有的意义。说白了，就是为了解释一套比较神秘的理论而发明一些更加神秘的术语。而我们都知道，神秘有一种致命吸引力。

4.科学与有用

有些人可能还会问：如果精神分析如你所说的一文不值，和科学一点关系都没有，为什么它在临床实践中经常被使用，还有很多患者说它有用呢？

不科学，并不表示没用。医学上，安慰剂能治病是不科学的，但有时候一样有用，因为它提供了某种心理暗示。

心理咨询发挥效用的重要前提之一，就是患者的积极配合。精神分析通过创设某些仪式让人对其产生神秘感和尊崇感，进而积极配合反思自我。这可能就是其发生作用的根源。

因此，精神分析的策略仿佛有时也起作用，但作用的原因并不清楚；更难把握的是：在一个人身上有用却很难保证对另一个人也有用。

我们放到历史发展的脉络里来理解精神分析。

十九世纪末二十世纪初，心理学处在婴儿阶段。那时候学术界对心理运作和心理疾病的理解极其匮乏，一旦发现心理疾病，常常难以找到有用的方法干预，也没有能用的药物。心理疾病甚至常常被用来作为歧视和肉体灭绝的借口。比如，盛行欧洲上千年的"猎杀女巫"

就是迫害精神病人的方式。

于是，这个时候各个理论开始呈现"百家争鸣"的态势。在其中，有个叫弗洛伊德的人，特别能讲稀奇古怪的故事，还能把现有的问题解释得头头是道，让患者和普通大众听得一愣一愣的。他很快"圈粉"无数，顺势建立了一个学说——精神分析。

有没有用？有时似乎有用，有时又没用，谁都不知道。但是，在当时的情境下，反正没有更好用的方法，那就"死马当作活马医"，先用着呗。

但到了现代社会，有了更好用的方法，我们就不要去用那么不靠谱的东西了。

爱恨情仇——相爱仅数载，相杀几十年

很多男人在当了多年的父亲后，才幡然醒悟，开始真正地理解自己的父亲，开始反思自己当年和父亲的对抗，尝试和父亲和解。

这几乎完美验证了弗洛伊德的"仇父"理论！是巧合、特例，被弗洛伊德蒙对了，还是人生常态，和弗洛伊德无关？

喜欢看通俗小说或肥皂剧的人，经常会看到这样的桥段：

小时候对父亲言听计从的儿子逐渐长大了，开始有了自己的想法，也不听父亲的话了。某一天在某件重要的决策上父子两人都坚持自己的观点，导致场面僵持不下，双方都没有表现出任何退让的意思，儿子还通过各种渠道表现出欲取代父亲的迹象。

父亲的权威从来没有受到如此挑战。暴怒之下的父亲将儿子逐出家门，要求儿子自立门户，白手起家。

于是，从小没有吃过苦的儿子开始靠自己的双手打拼。在创业的初期，他可谓受尽了磨难，还要遭受周围人的鄙视。但是，功夫不负有心人。儿子顶住压力，克服困难，发愤图强，在经过多年的奋斗后，人品大爆发，成为某跨国集团的老总。

然后故事要开始转折了。

儿子某天衣锦还乡，事先早已放出风声要回来跟他父亲好好聊聊，传闻说就是要回来看看当年反对自己的父亲。

正当父亲唏嘘叹息之余，儿子却扑通跪地，向父亲狂磕响头无数。他痛哭流涕地说自己已经完全原谅父亲，且无比感谢当年父亲的行为和教诲，让自己终身受益。

电视剧完美结局。

这又几乎完美地验证了弗洛伊德的"仇父"理论。

至此，弗洛伊德精神分析理论的核心内容，我们已经讲完了。

按照弗洛伊德的理论，每个男孩都想"象征性地干掉心目中的父亲形象，让自己成为真正的男人"。

弗洛伊德所描述的这一特征，不幸在他创立的精神分析理论的发展中得到部分应验。弗洛伊德之后精神分析依然在持续发展，却超出了他的控制。他的得意门生都站在了他的对立面，在批判他理论的同时努力发展自己的理论。当然弗洛伊德也不是省油的灯，不时蹦出来对他们口诛笔伐。一时间精神分析学派内部鸡飞狗跳，各个"分舵主"开启了对骂互怼模式。

弗洛伊德有两个可以与其比肩的"得意门生"，不过遗憾的是，尽管弗洛伊德自认为是他们的老师，他们却没有一个承认自己是弗洛伊德的弟子。

他们就是大名鼎鼎的荣格和阿德勒。他们刚接触弗洛伊德理论的时候，都被其理论的高深所吸引。他们看弗洛伊德恰如孩子仰望父亲的高大。这期间他们和弗洛伊德保持着和睦的关系。

但是随着他们对这一理论理解的加深，发现有很多观点不敢苟同，于是分歧产生。当他们羽翼渐丰，能够独立闯天下的时候，都毫不犹豫地站到了弗洛伊德理论的反对面。正如弗洛伊德说的"男孩会努力干掉自己的父亲，起码是在心理层面上"，荣格和阿德勒都在努力否定和推翻弗洛伊德的理论。

弗洛伊德的这两位"门生"（荣格和阿德勒）后来不但背叛了弗洛伊德的理论，而且在个人关系上已经完全"粉转黑"，甚至反目成仇。这两位提出的理论，基本上和弗洛伊德的理论相互对立，他们或者否定弗洛伊德的理论，或者直接痛击弗洛伊德理论的弱点。他们都是天才级的人物，在坚持发展和完善自己的理论时，吸引了一批原来精神分析的支持者，惹得弗洛伊德胡子都差点掉光了。

这让人不禁想起上面提到的通俗小说或肥皂剧的桥段。

电视剧的结局通常是完美的，一般都是happy ending（幸福结局）。然而，现实的结局不一定完美，甚至常常是一地鸡毛。背叛弗洛伊德理论的这两位"门生"毕生毫无悔改之意，并且在发展自己理论、创建自己门派的道路上越走越远。他们后来都成了可以比肩弗洛伊德的人物，他们的理论也各自成为独立的体系。

而始终跟着弗洛伊德混的弟子基本都很平庸。这个问题，弗洛伊德是该高兴还是该不高兴呢？不高兴的是，他的得意门生都纷纷背叛他；高兴的是，这在一定程度上符合他的理论，符合他提出的男孩仇父的"俄狄浦斯情结（弑父恋母情结）"。

在荣格和阿德勒之外，还有一个"大牛"，叫弗洛姆。他也发展了弗洛伊德的理论，同时他也不承认自己是弗洛伊德的弟子。弗洛姆做得最绝的一件事，就是拿弗洛伊德的精神分析理论来分析弗洛伊德本人，把他的老底，包括他小时候的"恋母情结"给扒了个底朝天。

大家可能会想：弗洛伊德的人品到底有多差，才导致这些人打死都不承认是他的学生？弗洛姆在《弗洛伊德的使命》一书中详细地分析了造成这一现状原因。

首先，弗洛伊德具有强烈的"恋母"情结。他母亲在他年幼的时候给了他非常多额外的关照。比如，他妹妹想弹钢琴，而弗洛伊德认为钢琴很吵，然后钢琴就再也没有出现在他们家。

其次，弗洛伊德看不起他的父亲。弗洛伊德是犹太人，在当时的欧洲社会是会经常遭受当地人欺凌的。有一次一个人故意打掉了弗洛伊德父亲的帽子，他只是拿起来，没有作任何反抗。弗洛伊德看在眼里，他认为父亲很懦弱。

再次，弗洛伊德在追求妻子的时候，也是热情很高，写了很多炙热滚烫的情书，把未婚妻感动得要命。但是婚后，弗洛伊德很快就冷淡下来，因为他只需要一个人来照顾他，而他的妻子不过是其"恋母"的表现。

最后，弗洛伊德学派根本不像是一个学术团体，它更像是一个宗教组织。因为在这一团体内，任何人不准反对和质疑弗洛伊德理论的权威，只能服从和仰慕。弗洛伊德讲了一个观点，其余人的任务就只是点赞、鼓掌和转发，而这分明是一个宗教组织的典型表现。可以说，弗洛伊德的性格缺陷是其流派最终分崩离析的根本原因。

弗洛姆认为，弗洛伊德的精神分析理论就是他总结自己的人生经历，反思自己心理活动的结果。

让我们最后简单对比这几个人的理论核心和区别吧。

弗洛伊德：强调人的生物性，人几乎不可改变；

荣格：强调人的文化性，人是可以改变的；

阿德勒：强调人的自我性，人是可以改变的；

弗洛姆：强调人的社会性，人是可以改变的。

区别其实非常简单。弗洛伊德强调人具有动物的特征，另外几个开始强调影响人的社会因素，比如社会、文化、自我等，都认为人是可以改变的，他们的观点从不同角度否定了弗洛伊德理论。

更有意思的是，他们的生平各不相同，且带有一定的传奇性。下面的章节里，我们将重点介绍一个"逆子"、一个倒霉蛋和一个推理能力强的青年的故事。

心灵向导荣格

分析心理学——王储志向高，绝非笼中鸟

十九世纪末一个风雨交加的夜晚，闪电仿佛天上的蜘蛛网，密密麻麻罩住了大地。德国的一个小镇，路上连路灯都没有亮，夜晚是伸手不见五指的黑。正常的人们都宅在家里，没人愿意出门找罪受。

可是，远处逐渐传来嘈杂的脚步声，一群黑影慌慌张张逐渐靠近，随后听见小孩的哭闹尖叫声以及大人的呵斥声。随着领头的大人逐渐靠近，一张帅气的脸逐渐清晰起来，人们逐渐分辨出来者和他们的行踪：原来是一位叫古斯塔夫的德国医生带着几个儿子慌慌张张登上了从德国开往普鲁士的火车，目的地是中立国瑞士。

很显然，他是为了逃避德国风起云涌的"德国统一运动"的迫害。

由于历史的原因，在十九世纪，德国处于群雄割据状态达半个多世纪。后来铁血宰相俾斯麦统一了德国，结束分裂割据的状态。但是，统一之后伴随着"民族主义"思潮的兴起，很多少数族群成为民族主义的牺牲品。

这个德国医生到了瑞士之后，在医院找到一份工作。他上班勤勤恳恳，工作业绩突出，于1882年被聘为巴塞尔大学外科手术教授，后来又在巴塞尔创办了第一座精神病院和弱智儿童疗养院。他一共生了九个儿子，且全部成为牧师。

在这九个儿子中，其中的一个儿子后来成了瑞士新教教堂的专职牧师，但同时又是一个非专职的古典文学爱好者和东方宗教的研究者；这个儿子又生了一个孙子，而这个孙子是个智力早熟的孩子，缺点是性格孤僻，喜欢一个人静静地看书，年纪很小就能熟练地阅读很少有人通晓的古典书籍。

这个少年，就是卡尔·古斯塔夫·荣格（Carl Gustav Jung，1875—1961）。

除了荣格的父亲，荣格的八位叔叔伯伯以及外祖父也都是牧师。按照经典套路，出生在宗教世家的荣格也大概率会成为一个牧师。但荣格没有继续走父辈的老路，而是逐渐对心理学和精神病理学表现出极大的兴趣。

让我们首先看看荣格与弗洛伊德的年谱。他们的关系像两条线，经历了从最初的平行，到产生交互，然后互相欣赏的过程。

弗洛伊德		荣格
弗洛伊德四十四岁。出版《梦的解析》，其中一本的买家是法国巴黎的心理学工作者皮埃尔·让内。	**1900**	荣格二十五岁，大学毕业。
		1902年，赴巴黎，师从皮埃尔·让内。获得推荐阅读《梦的解析》。
		1904年，进行词语联想测验，发现压抑的问题。重读《梦的解析》，恍然大悟。
收到荣格的自荐信。	**1906**	1906年，出版专著《精神分裂症的心理学》。3月，给弗洛伊德写自荐信，附论文和专著。
邀请荣格来维也纳家里做客。二人畅谈十三个小时，仍意犹未尽。	**1907**	收到弗洛伊德的邀请，激动得很久没有睡觉。去维也纳。

进入蜜月期

1907年，弗洛伊德设宴招待荣格，二人觥筹交错，相谈甚欢。

基于在精神分析领域共同的研究兴趣，弗洛伊德和荣格是一对彼此赏识的天才，也是并肩战斗的战友：一面相互扶持开辟研究疆土，一面共同抵御外界的质疑和批判，最终成了知己好友。

弗洛伊德和荣格初次见面即"一见钟情"，之后二人几乎每周都通信。弗洛伊德毫不掩饰地四处宣传自己深深"爱上"了荣格。在一封写给荣格的信中，弗洛伊德亲切地称荣格为他精神分析王国的"王储"，并称荣格是他的"长子"。

可以说，弗洛伊德太爱荣格了，他努力把所有的荣誉都给了荣格。

1908年，第一届国际精神分析学大会在奥地利的萨尔兹堡举行。弗洛伊德主持会议，会议期间决定创办一个心理分析学的会刊——《国际精神分析年鉴》，荣格被指定担任主编。

1909年，弗洛伊德和荣格同时应邀去美国讲学，他们得以在船上共度七周的旅程，后来他们在美国的演讲受到热烈欢迎。

1910年，国际精神分析协会正式成立，由于弗洛伊德的再三坚持，荣格当选为协会的第一任主席。

…………

但是，蜜月迟早会结束，然后进入沉闷的婚姻。弗洛伊德和荣格的蜜月期只维持了六年。

荣格的确太优秀了。就是因为太优秀，才为后来二者的决裂埋下了种子。从一开始，弗洛伊德和荣格对合作的预期就存在分歧。

　　弗洛伊德希望找一个可以帮助他拓展思想体系、促进其理论实际应用的"信徒"；而优秀的荣格注定是富有独创性的思想家，不可能成为他的追随者。正如荣格所说："无论何种追随关系都令他无所适从。"

　　尽管弗洛伊德称荣格为自己的学生，但是，我们从上面的时间线可以看到荣格从没有加入"弗门"。他们更多的是合作关系，而不是师徒关系。甚至，在他们认识之前，荣格在圈内已经小有名气。

　　弗洛伊德没有认识到荣格绝非"笼中之鸟""池中之鱼"，荣格是注定要闯出自己的一片天地的。

　　决裂，在所难免……

分道扬镳——决裂请直说，女人不背锅

弗洛伊德和荣格之间，决裂是必然的。

经历了短暂的蜜月期之后，弗洛伊德和荣格思想的分歧显现出来，并逐渐尖锐化。荣格不同意弗洛伊德的很多观点，特别是性本能的观点，他还经常写文章公然反对弗洛伊德。这让弗洛伊德大为光火。在通信中，二人的火药味渐渐浓起来，写信的措辞也越来越粗俗。

决裂，只是时间问题。

决裂，有时候需要找个借口。

说对方人品有问题，是个很好的借口。

而说对方有"不当男女关系"，很能说明人品问题。

荣格和弗洛伊德的决裂经历了三轮大论战，且波及的范围一轮比一轮广。

第一轮：攻击对方的人品，说明自己不屑与他为伍。

弗洛伊德：荣格和他的患者有不正当男女关系，他还怕事情败露给人封口费，我看不上这种人。

荣格：弗洛伊德竟然和自己妻子的妹妹（妻妹）有"三角关系"，这让我太震惊了。他在我心目中的伟大形象已经哐当掉在地上摔了个稀碎。

第二轮：攻击对方的职业道德，无关人士开始躺枪。

弗洛伊德：我在四十岁之后就不再有性生活了。你看我有六个子女，小女儿在我三十九岁那年出生。荣格不能抗拒美丽女子的移情，违反了职业道德。

荣格：不要偷换概念。你是四十岁之后没跟你媳妇有性生活，换成妻妹了吧。同时，你口味好像变重了，开始对男性有强烈的依赖心理。你经常给男性写热情洋溢的信，甚至对耳鼻喉医生弗里斯"有种无法控制的同性恋的感觉"（引用自弗洛伊德的信件）。

第三轮：各自理论的支持者登场群殴。

各自理论的支持者纷纷为己方的理论辩护，并扒出对方的历史作为证据。

不得不说，这场论战从一开始就不对。因为没人在理论层面上进行争论或辩论，甚至没人在意对方的观点是什么。大家一开始就将战火的焦点对准个人的人品和隐私。

通过指出对方在男女关系上的问题来诋毁对方，进而为关系破裂找个借口。这个剧情也太"狗血"了。但是，大家都是成年人，是不会因为这点问题而走向最终"决裂"，进而发展到撕破脸的地步的。说白了，男女关系只是个借口罢了。真正促使他们决裂的是上面说的两个人的合作预期以及二人理论存在的不可调和的巨大差异。

其实，弗洛伊德的过度敏感，早就促使荣格下决心离开了。

尽管弗洛伊德十分欣赏荣格，希望他成为自己事业的接班人，却对荣格的行为十分敏感，怕他随时剥夺自己的职位。从这一点也可以看出，荣格的优秀已经危及弗洛伊德的自我评价了。

于是，弗洛伊德拿出了传统上忽悠民众的招数：装神弄鬼。

1909年，在两人共赴美国前夕，荣格在弗洛伊德面前谈及沼泽地出土的木乃伊，弗洛伊德竟突然晕倒在地。因为他怀疑荣格这么做是因为他存在一种潜在的"弑父动机"，也就是盼他早点死去，以便夺取精神分析学派的领导权。

1912年的慕尼黑，两人携手去参加啤酒节，顺便参加一场精神分析国际会议。据说在热烈讨论中，弗洛伊德看见了荣格身上的"俄狄浦斯情结"。他忧心自己会被背叛，于是直接在饭桌上晕了过去。

道不同不相为谋。

1912年，荣格出版《力比多的转变与象征》，他将医疗心理学从当时充满主观与个人偏颇的情势中解放出来，让大家了解无意识是一种客观的、集体的心灵内容，并把自己的研究对象从个别病例转向了神话，转向了文学。这一思想完全与弗洛伊德精神分析的理论背道而驰，最终导致荣格和弗洛伊德的私人关系完全破裂。

据说，荣格在写《力比多的变化与象征》的时候已经感到压力很大，因为他知道这本书将导致他和弗洛伊德的分裂。但是，追求事物本质的动力超越了个人的恩怨得失，他依然选择将其发表。

1913年10月，荣格辞去《国际精神分析年鉴》主编职务；1914年又辞去了国际精神分析协会主席职务，然后又退出了协会。荣格的离去，同时带走了一大批追随者，形成了第二次脱离精神分析学的运动（第一次是阿德勒，聊完荣格之后再聊他）。

正所谓"爱之深，恨之切"。决裂后的荣格很受伤，虽然他已经"拥有名誉、权力、财富、知识"，恐惧却如鬼魅般缠上了他。荣格在随后整整三年时间内陷入"精神的低谷",甚至到了"不能工作"的地步。

随后,荣格开始重新审视生活和自我,开始了"自我实验"。他开始手绘插图,将梦境和幻象付诸文字与图画。同时他逐渐迷恋上东方哲学和宗教。这些内容被集结成了《红书》,它像是一本荣格私人的隐秘而绝美的日记,是属于荣格内心的传说。

但荣格生前一直将《红书》的手稿束之高阁,甚至在他1961年去世之后的近半个世纪里,他的后人仍拒绝将其出版。因此,《红书》一度位列"世界十大神秘天书"之一。据说直到2009年9月前,全世界仅有荣格家人和学生共二十多人看过书稿。学者索努·沙姆达萨尼耗时两年努力交涉,才说服荣格的外孙同意出版此书。

在和弗洛伊德决裂十几年后,1929年荣格在《科隆日报》发表了《弗洛伊德和荣格之比较》一文,第一次亲自将这一敏感的话题拿到桌面上进行讨论。荣格说他"并不是要否认性在生命中的重要性",他要做的是"给性这个泛滥成灾并损害所有有关心灵的讨论的术语划定界限,并把它放置到合适的地方"。

这或许是荣格缓和与弗洛伊德关系的一次尝试。因为他没有直接批评弗洛伊德的理论,而只是从比较的角度说明二人观点的差异。但遗憾的是,这一举动并没有得到弗洛伊德的回应。

　　或许，荣格的"背叛"是弗洛伊德永远的心痛。在弗洛伊德心里，荣格是个彻头彻尾的"逆子"。爱得越深，决裂就伤得越痛，以至于这种背叛无法原谅。

　　荣格和解的尝试以失败告终，从此二人再无交集。

个体无意识——人人有个性，情结拼搭成

问题：你听说过"情结"吗？最常听说的"情结"是什么？

不会是"处女情结"吧。

如果答案是肯定的，那么你是否思考过这个情结是怎么形成的？

首先，我们得承认，这个情结在人类进化的过程中是具有深层意义的，特别是在科技不发达的古代社会，且有一定的合理性，因为跟繁衍有关。

可是问题来了：我们已经进入现代社会，为什么还有很多人有这一情结呢？荣格理论如何解释这一情结呢？荣格说：男人表面上在意女人是不是处女，实质是惧怕在跟另一个男人竞争的过程中感受到挫败与威胁。

也就是说，你对自己某方面没有自信，有性经验的女性就有可能将你这方面的水平与他人进行比较。你害怕的就是在这一比较中成为失败的一方。而如果女方无此经验，她便无法比较，只能认为你就是最棒的。就像从来没吃过葡萄的人，如果第一次吃到的是酸葡萄，那他可能认为这就是葡萄本来的味道。男人内心深处充满了这种对挫败感和对比较失败的想象，但他又不好直接说出来，就压抑在心底，成为个体无意识的内容。

个体无意识的内容不会老老实实在小黑屋待着。只要有机会它就溜出来支配你的行为。而这些个体无意识的主要表现形式，就是情结。

荣格认为：人的行为，很大一部分是由各种情结塑造的。

情结这一术语在荣格的理论中占有重要地位。荣格最初想直接将自己的理论命名为"情结心理学"，只是后来因为各种原因才改成了"分析心理学"。

在集体无意识上，荣格又提出了"原型"这一概念。集体无意识和原型是荣格理论的两大基石。

人格，就是使你成为你的元素，也就是你的思想、情感和行为的组合模式，是你区别于他人的心理特征。我们常常不愿将最真实的自己展示给别人，所以我们都会给自己的人格戴上面具。荣格把人格面具称为精神的外部形象，也就是一个人公开展示给外人的一面。

人格是由什么构成的呢？荣格认为：人格由意识、个体无意识（情结）和集体无意识（原型）构成。让我们一一分解。

首先，最表层的内容：意识。

意识是人的心灵中唯一能够被个体直接感知到的部分。自我是意识的核心，它由各种感知、记忆、思维和情感组成。意识和自我是一致的，都是为了使人格结构保持同一性和连续性。需要强调的是，在这点上，荣格和弗洛伊德以及现代心理学家的理解基本是一致的。因此我们就不过多叙述了。

其次，隐藏着的内容：个体无意识。

荣格认为在意识觉察水平之下的是个体无意识（它包含着在个人生活中被压抑或遗忘的记忆、冲动、欲望、模糊的知觉和其他一些经验）。个体无意识隐藏得并不深，个人无意识的事件可以很容易地返回到意识觉察水平。但是，个人无意识中的内容不会原样展示出来，它总是要经过各种伪装。而荣格认为，它们会组合成情结展现出来。

让我们想想上面处女情结的例子。我们的经验会汇总在一起，藏在内心深处，日常很难看到它，它成为个体无意识的经验。但是，这些无意识的经验会伪装自己，甚至组合起来成为情结。因此，情结是一种藏在一个人神秘的心理状态中强烈而无意识的冲动。

情结会潜移默化地反映到你的行为上，影响着你的决策。个体的行为特征大多是由其所具有的各种内容、强度、来源等不同状态的情结所决定的。

再举个例子：

前面我们提到过恋母情结，弗洛伊德称之为俄狄浦斯情结。通俗地讲是指人的一种心理倾向：喜欢和母亲在一起的感觉（包括男性和女性）。

恋母情结并非爱情，而大多产生于对母亲的欣赏和敬仰。它是一种普遍的社会现象，男孩女孩都可能有恋母情结。大部分人多多少少都会在某一年龄段有恋母情结。

恋母情结具有生存意义。人类幼崽有一个漫长的成长期，这期间需要成人提供照顾和食物。当然，因为社会角色分工，母亲在其中更多扮演着看护和食物提供者的角色。因此，和母亲更亲近的孩子有更多机会获取爱和食物，也就有更多的机会生存下来。

这一特征经过成长过程中和母亲相处的无数个日夜的考验。孩子在这一过程中深刻认识到恋母的独特意义，然后它已经逐渐成为我们内心深处的想法，成为我们意识不到却在支配着我们生活的内容。

每个人成长的环境不一样，导致每个人内心深处都有不同的情结。就像来到乐高玩具城的孩子，他们每个人拿到不同的乐高组块，然后拼成不同的形象。对一个人来说，这些不同组块形成的自我特征就是个性。

因此，每个人的个性都是独特的，正如世界上没有两片相同的树叶。

而就是这些个性特征，使我们能够将自己和他人明确地区分开。

个性不但使我们形成了千差万别的个体，同时，也决定了一个人在不同的时间、地点有不同的行为表现。它就像一个影子，伴随我们一生，也影响我们的一生。

集体无意识——民族文化志，超越了老师

过年啦！人山人海，锣鼓喧天，鞭炮齐鸣！

一家人经过一年的分别与忙碌，终于聚在一起。大家喜笑颜开，觥筹交错，喜气洋洋，一起和过去的一年告别，也许下来年的美好愿望。

突然，一个声音在你耳边炸响："你准备啥时候结婚？"

你刚喝下去的酒在胃里开始燃烧，你感觉火气上蹿，你很想告诉问问题的人：这关你什么事。但想了想还是忍住了。你只是轻描淡写地小声应付："结婚有什么好的，我还没玩够呢！"

那位"人生导师"突然来了精神，仿佛严厉的老师找到了不听话的学生。她直了直身子，清了清嗓门儿，不依不饶地靠近你说："只

有结婚生孩子，人生才是完整的呀。"

看着她一本正经的神态，你很不以为然，但你没说出来，只是小声嘟囔了一句："人为什么要结婚？"

尽管你的声音很小，但是似乎全部的人都听见了！大家齐唰唰地转过头看着你，仿佛在看一个怪物，有些人的眼神是怜悯的，也有些人眼里流露出对你的真诚关怀。

你仿佛变成一个犯错的孩子，只能低着头在心里默念：为什么要结婚？

不知道你发现没有，生活里有很多我们信以为然的生活方式或者行为习惯，只要深究下去，仿佛都难以找到合理的解释。比如男人不能穿裙子，人长大了要结婚生子，父母要给孩子买房，等等。更主要的是，我们竟然从来没有怀疑它们的科学性和合理性，而是不知不觉就这么去做了。

这个让你不知不觉的行动驱动力，就是集体无意识。

也就是说，大家都是这么做的，它已经成为人最根本信念的一部分。它使你在面临相似场景的时候，通常不经思考，直接就按照固定的程式去做了。

这些规则我们意识不到，所以叫无意识。同时，这些规则常常为社会多数人所共享着，是一个集体里普遍的行为，所以叫集体无意识。

所以，你谈话的方式，你的价值观念，你跟家人的关系模式，你对于未来生活的展望与设定，你的饮食、衣着，甚至你感觉过年有必要回老家等方方面面，那些都是约定俗成的。不用思考就决定的事情，都是集体无意识。

说得直白一点，就是那些某个群体的人们骨子里共同认为"正确"与"标准"的行为方式，只需要照做即可，不需要思考和理解的内容，都是受集体无意识支配的。

说得更直白一点，集体无意识就是"你为什么这么大了不结婚"这个提问里的前提假设，也是做出"男人不能穿裙子"这一判断的前提假设。

这就是我们所要介绍的荣格理论中人格的第三层次，也就是最深层次的结构，它是来自民族心理的积淀：集体无意识。

集体无意识是人类世世代代遗传下来的，在岁月中沉淀下来的那些约定俗成的东西。它潜藏在人类的心灵深处，尽管你意识不到，却实实在在地影响着你的行为。

听上去似乎很耳熟。你是否感觉这有点像媒体天天喊着要弘扬的传统文化呢？

你理解的其实是错误的。

这么区分吧。

（1）你能意识到的民族文化的内容，叫传统文化。

（2）你意识不到的民族文化对你的影响，叫集体无意识。

（3）二者之间可以转化：当你浸润在传统文化里久了，很多内容就会固化成不成文的行为规则，成为集体无意识的内容。而集体无意识的内容又会通过某种形式展现出来，成为民族文化的一部分。

所以说，"民族文化根植于我们的内心深处"的论断是有依据的。荣格认为：民族文化会转化成为集体无意识，进而影响着你的行为。但在行为和意识层面，我们通常意识不到它的影响。

集体无意识和个体无意识的区别在于：它不是被遗忘的部分，而是我们一直都意识不到的东西。就像你已经使用了基因里祖辈们遗传给你的经验来生活，却不能意识到它们的存在一样。

露出水面的那些小岛是人能感知到的意识；由于潮来潮去而显露出来的水面下的部分，就是个人无意识；而岛的最底层是作为基底的海床，就是我们的集体无意识。

我们借此比较一下弗洛伊德的精神分析理论与荣格的比较心理学理论。它们主要的不同在于：

（1）荣格理论去掉了弗洛伊德理论里前意识这一模糊的概念。他提出了个体无意识这一新的概念来解释一个人独特的行为特征。

（2）弗洛伊德的理论仅限于对一个人的解释；而荣格的理论将人作为社会的一部分，他既有作为社会一部分的一面（集体无意识），又具有自己独特特征的一面（个体无意识）。弗洛伊德只是把人看作一种生物存在，而荣格的理论将人作为人类社会的一部分。

这一理论可以说是对弗洛伊德理论的否定和超越。这就可以理解为什么弗洛伊德看到后暴跳如雷，选择和荣格决裂。因为这个"王储"的水平太高，有随时取代他的实力，当然会对他造成非常大的威胁。

前面提到荣格有一本神秘的著作——《红书》，里面满是各种绘画作品。荣格的兴趣点后来转向东方艺术，开始迷上了曼陀罗和中国的太极。他对艺术、美学也有自己的见解。荣格美学的基本思想就是一句话：艺术是集体无意识原型的象征。

他说：艺术既不是现实生活的反映，也不是艺术家个人经验和思想感情的表现；艺术本质上是某种超越时空、超越个人，象征和代表着人类共同需要和历史命运的神圣而永恒的东西。说白了，艺术能勾勒我们内心深层次的共同的需要。有时候我们认为一个东西很美，却给不出个恰当的解释，其中的原因可能就是它反映了我们内心深处的集体无意识里的东西。

比如，我们看一个女孩，说她很美。但是，不同文化里对美的定义是有区别的，很多外国人娶了中国的女孩，尽管这些女孩在我们的审美里不一定很美，但在另外一个文化中是美的。

美，也是集体无意识的体现。

阿尼玛与阿尼姆斯——女神在心中，爱恨皆内生

思考一下：你和你的另一半处在怎样一个阶段？

（1）他或她可以缓解你的生存压力，可以满足生理欲望。

（2）性之外，重视精神上的情感生活，追求浪漫的关系。

（3）追求两人精神世界的互补或交融。

（4）他或她是你的知己：眼前的人通过层层精神洁癖的考验，具有相当的重要性、唯一性、无可替代性。

先把答案记在心里再往下看。

每个女人心目当中都有一个"男神"，他或深沉，或活泼，或内敛，或阳光。

每个男人心目当中也都有一个"女神"，她或文静，或活泼，或性感，或文艺。

每个人内心的那个"男神或女神"都会和别的人不一样的，即使最后结婚的对象不是内心里的那个他或她，他或她也会一直存在于自己的心里，在碰上那个他或她的时候，会对他或她特别痴迷，仿佛这种吸引来源于灵魂深处。

荣格认为：这种来自内心深处的吸引，是由原型驱动的。

男人心目中的原型叫阿尼玛，女人心目中的原型叫阿尼姆斯。

阿尼玛是男性无意识中的女性形象。

荣格认为每个男人心中都携带着永恒的女性心像，它不是某个特定的女人的形象而是某个类型的女性心像。这一心像根本是无意识的，是镂刻在男性有机体组织内的原始起源的遗传要素，是我们祖先有关女性的全部经验的印象。

换句话说，每个男人心里都有一个自己"女神"的形象。他会按照这种形象在现实中进行寻找和选择自己的伴侣。比如，找女朋友，找老婆，甚至找红颜知己等。如果一个女人与他心目中的阿尼玛具有相同的特征，就会引起他强烈的积极情绪体验，促使他情不自禁地努力靠近她。反之，他会体验到一种厌恶情绪，然后努力去回避她。

每个人的心里都有自己的梦中情人。而这个梦中情人不是你想象出来的，他或她是印刻在你内心深处的形象。他或她可能不是某一个具体的人，更多可能是某种类型的人。

注意：这一选择过程是在无意识状态下进行的。

所以，一见钟情是什么？就是对方恰好符合你心中的阿尼玛形象，所以你才能够一眼就喜欢上了她。不过，爱情的魅力在于它是双向的，虽然她符合你心中的阿尼玛形象，但是你不一定符合她心中的阿尼姆斯形象。这种情况就会造成单相思的结局。

所以，感情很多是在无意识状态下进行的。女生就不要天天追着男朋友问：你为什么喜欢我？因为男生恰当的回答应该是：你符合我心中的阿尼玛。可是，如果有男生这么回答你，他肯定是在骗你，因为阿尼玛是我们意识不到的。

与阿尼玛相对应，阿尼姆斯则是女性无意识中的男性的形象。女性所欣赏的所有优质男性的特点都集中在阿尼姆斯身上。同男性一样，每个女人心中的阿尼姆斯都不尽相同。女人会对心中的阿尼姆斯具有的特点感到强烈的喜爱，在遇到形象与自己的阿尼姆斯相匹配的男性时，她会体验到极强烈的吸引力，甚至不惜"女追男"。

恋爱中男方的阿尼玛和女方的阿尼姆斯正好匹配，真的是低概率的事件，双方应该好好珍惜这段感情才对。

女性在一生中随着年龄的增长，阿尼姆斯也会从幼稚变为成熟，它也是女性心理成长的表现。女性的阿尼姆斯的发展经历以下四个阶段：

（1）力量的阿尼姆斯阶段。特征：容易被身体强壮的男性所吸引。

（2）行为的阿尼姆斯阶段。特征：容易被有行动力的男性所吸引。

（3）语言的阿尼姆斯阶段。特征：容易被能够很好地运用语言的男性所吸引。

（4）意义的阿尼姆斯阶段。特征：容易被精神领袖那样的男性形象所吸引。

从上面的变化发展过程我们可以看出：随着年龄增大，女性喜欢的男性类型也会变化。从最初的外表强壮，到有行动力，到语言幽默风趣，最后到具有一定的领袖气质。可是，年轻时候就能说会道、敢作敢为的男性，更大概率是"人渣"；所以很多女孩年轻时总是会喜欢上几个"人渣"。

而男性则大不一样。无论他是十八岁的男孩，还是八十岁的老男人，他们都喜欢十八岁的漂亮女生。正如我们在开始的时候对男性的测试一样，他们一般停留在（1）（2）阶段就不肯往下走了。原因就在于：男性的阿尼玛更多在外形上，而女性的阿尼姆斯更多在品质上。

每个人都是阿尼玛和阿尼姆斯的合体。

如果将从"男人"到"女人"之间平均分为9段，中间是"半男半女"，你会给自己打几分？

请不要给自己打1分，或者打9分。因为这是生理决定了不可能的。

生理学上，男性会分泌大量的雄性激素，雄性激素让他表现得像个男人；但是，男人也会分泌少量的雌性激素，所以他也能展现温柔的一面，比如张飞都能去绣花。同样，女性会分泌大量的雌性激素，所以她温柔体贴、婀娜多姿；但是，女人也会分泌少量的雄性激素，所以她也有坚毅的一面。

因此，人的心理倾向性上，男人和女人都部分地表现出阴阳两性合体的特性，而且从心理学角度考察，人的情感和心态总是同时兼有两性倾向的。也就是阳刚的男性也有阴柔的一面；阴柔的女性也有阳刚的一面。只是阳刚和阴柔所占的比例不同而已。

荣格认为：无论是男性还是女性，都应该是双性气质。

那些表面上富有男子气的人，内心却往往十分脆弱。所谓铁汉柔情，就是指外表上看是铁汉，而内心实则是个绣花的高手。

而那些在日常生活中过多展示其女性气质的女人，在无意识深处却十分顽强。温柔的女人在遇到困难和挫折的时候说不定会迸发出其坚强的一面。

同样的辩证法在生活里处处可见：平时表现得越是一本正经的人，内心可能越是比较灰暗的；平时"荤段子"不断的人，内心可能很平和。

回应开头的那道测试题。根据你的选择，对你的解释如下：

你的选项	体现出喜欢女神的类型	表现了何种追求	反映出的情结
（1）	夏娃	追求肉欲	恋母
（2）	海伦	追求浪漫	性
（3）	马利亚	追求精神	爱恋
（4）	索菲亚	追求智慧	神交

原型概念——化身为原型，诸神得永生

我们讲到集体无意识，提到它是世世代代流传下来的约定俗成的东西。它潜藏在内心深处，我们意识不到它，但它却实实在在地影响着我们的行为和选择。

荣格认为，集体无意识的主要内容是本能和原型。

本能是与生俱来的行为倾向，是从动物演化过程中来的。

而原型是与生俱来的思维倾向，是人类文化历史发展过程中经过沉淀而形成的约定俗成的东西。

原型是心理活动的先天决定因素，它使得个体在面临某些情境时会与祖先产生同样的行为方式，这里的"某些"是指与诸如出生、青

春期、婚姻、死亡或者极端危险等重要生活事件相联系的情境。

荣格把原型看作是无意识中的诸神。如果我们的无意识是一个世界，那原型就是这里面的神。它们主宰着我们生命中的行为倾向。荣格认为，出现频率最高的原型是人格面具、阿尼玛和阿尼姆斯、阴影和自性。

前面我们已经介绍了阿尼玛和阿尼姆斯。下面我们介绍另外几个主要的原型。

1.人格面具

不要羡慕名人的"地位显赫""公众瞩目"，因为你体验不到他戴的人格面具和背负的压力有多重。

人格面具就是你在公众场合表现出来的你。它往往和真实的你有着很大的差异。你压抑自己真实想法的目的是维护自己良好的社会形象，以便得到社会的认可。每一个人在与别人交往时努力将真我掩饰起来，然后扮演某种人物的面孔，才会更有利于群体和社会对他的接纳。

不管你信不信，我们每个人每天都戴着面具生活。不要随意评价一个人虚伪，因为虚伪是每个人（包括你）的生存方式。人类都有虚伪的一面，只是程度不同而已。

同时，虚伪也是人走向社会化（另外一种说法叫成熟）的一种表现。在这复杂的社会里，你是带着你的棱角生存，还是喜欢圆滑地行走？你或许说我就是要选择带棱角的生存方式。那么有两点：第一，你会活得很累；第二，你的棱角肯定不是像针尖一样，也是各种妥协的结果。

面具戴久了会累，就会寻找机会宣泄。比如，有些人平时一副温文尔雅、谨言慎行的形象；但是喝醉了酒，他会摘去所有的面具，把内心赤裸裸地暴露出来，甚至会放浪形骸，让他的真实自我进行一次"火山喷发"。此为"酒后吐真言"。

2.阴影

阴影是由个体所不愿显露出来的心理内容组成的。这些内容是个体自认为不可显示出来的，因为它们不被社会所接受，甚至更多时候是邪恶的。荣格对阴影的定义就是"个体不愿意成为的那种东西"。简单来理解，它是人的心灵中隐藏着的最黑暗、最邪恶的倾向。

你一定对上面的叙述有种相当熟悉的感觉，是的，这与弗洛伊德所说的本我非常相似。阴影就是你心中的恶魔。

在荣格的理论中，阴影是所有原型中最危险的一个，它是不被驯服的、危险的、不受一般道德束缚的。它给人的第一感觉是"百害而无一利"。但其实不完全如此。如果阴影没有被很好地驯服，它就是人类邪恶的源头；如果阴影得以恰当地宣泄，它可以转换成灵感、激情和力量。

所以，一个好的艺术家（比如凡·高），有的时候是需要一点不修边幅、浪荡不羁的。因为如果对阴影约束得太严格，人往往变得缺乏活力；而适当地放松一点，可以让阴影的洪流得到一定程度的释放，产生创造的灵感。

3.自性

虽然我们每天戴着面具生活，并且阴影时时刻刻影响着我们，但是我们的内心深处最终是想成为我们自己，成为我们所希望的那个完整而独特的自己。荣格用大写的Self来标示我们想成为的那个我，叫自性。

荣格和弗洛伊德决裂之后，内心一度极其消沉。于是他就画画，画自己想到的、梦到的，画任何感兴趣的东西。结果，画着画着心情就好多了。他幡然醒悟道：其实，我不想成为弗洛伊德第二，也不想成为反对弗洛伊德的人，我只想做真正的自己。

他将个体追求成为真正自己的过程，称为自性化。自性化意味着人格的完善与发展，意味着接受和包容与他人的关系，意味着实现自己的独特性。自性就像班主任，具有强大的整合力量，把班里各种个性的人整合成一个团结向上的班集体。自性则把一切意识和无意识的心理过程，内容和特性都结合在一起，使之组成一个有机的整体。

自性化就是努力成为那个真实而完整的自我的过程。它可能是我们毕生的追求。

谈到弗洛伊德和荣格的斗争，或许，当荣格悟出自性这个境界的那天起，就已经结束了。

一个人的人格面具越多，其自身的阴影也越大。首先，我们需要适当的渠道释放真实的欲望（阴影）。目前流行的对抗性运动、艺术、收藏等都可以释放阴影的压力。

其次，让自己的人格面具和阴影相互牵制，各归其位。人格面具是来自外部的向好的动力，而阴影是来自内部的邪恶的动力。它们可以相互牵制，相互抵消。

再次，在阴影和人格面具的斗争过程中，我们要努力完善自己的人格，追求努力实现真实而完整的自我，进而达到荣格所说的较为完美的自性化过程。

每个人都带着人格面具生活，它是我们适应这个社会的重要内容。

而人格面具展示出来的我，可能不是自己期望的，甚至是自己厌恶的形象。我们厌恶的叫阴影。

我们要努力调整自己，协调自己的人格面具和阴影，活出真正的自我，我们称之为自性。

群星闪耀的心理学大师

阿德勒——倒霉蛋逆袭，鸡汤界鼻祖

阿德勒说："生活的目标就是克服儿童时期对死亡的恐惧。"

阿德勒在儿童时期经历了什么死亡的恐惧，产生的心理阴影让他需要用一辈子去克服？

他本来具有成为一个失败者所有的先天条件。

（1）小时候得过佝偻病，常被绑在椅子上。

（2）个子很矮，发育迟缓。

（3）身体虚弱多病。

（4）运动能力很差。

（5）四岁才学会走路。

（6）五岁患严重肺炎，医生当时判断治疗无望，建议"放弃治疗"。

（7）两次严重卡车车祸。

（8）学习成绩班级倒数。

（9）家中六个孩子，他排第三，受父母关注少。

结果：

（1）活在帅气魁伟的哥哥的阴影里。奇怪的是，他哥哥同弗洛伊德（西格蒙德·弗洛依德）一样，也叫西格蒙德。

（2）家里排行居中，上面有帅气的哥哥姐姐，下面有活泼可爱的弟弟妹妹。在弟弟出生后，本来就极其平凡的他根本无法吸引到父母的关注，因为父母的注意力必然会转移到弟弟妹妹身上。这使他缺乏足够的关爱。

（3）老师曾委婉地向他的父母建议"及早训练他做个鞋匠吧"。

（4）遭受同龄小伙伴们的欺凌。

这些经历，造成他心理上：

自卑……

深深的自卑……

极度的自卑……

最终结果：他逆袭了。

成绩：从差生变成优等生。

身体：既然从小身体不好，那就考医学院。1888年考入名校维也纳大学医学院。1895年获医学博士。

婚姻：娶俄国美女留学生为妻。

运气：受到弗洛伊德的赏识，被招入麾下。

一个人偶尔给他人灌点鸡汤不难，难的是一辈子给他人不停地灌鸡汤。

阿德勒通常会以身说法，不断向人灌输自己逆袭的鸡汤。

阿德勒说：每个人都有翻身的机会，只要你敢想。

阿德勒又说：梦想还是要有的，说不定就实现了呢。

阿德勒还说：你的梦想是什么？

所以，当生活不顺利的时候，请读阿德勒的传记，看看他的童年，你会瞬间觉得你的人生如此美好，还有什么值得抱怨的。当生活顺风顺水的时候，也看看阿德勒的理论，他告诉我们要大胆去梦想，说不定就实现了。

1902年，阿德勒在当地报纸撰文，力挺弗洛伊德的释梦理论。弗洛伊德读到后，非常赏识，遂邀请他出席自己的小组讨论会，尽管这个小组本来就没几个人。

阿德勒虽然接受了弗洛伊德的大部分观点，但他有自己的一套思想体系。当然，他也不是弗洛伊德的得意门生，也从来没承认过自己是弗洛伊德的学生。

弗洛伊德也并未对阿德勒委以重任。所以，阿德勒从来没有享受过荣格的待遇。他只是弗洛伊德好不容易碰到的一个支持自己理论的人，只是因为弗洛伊德感觉他还有点利用价值，至少可以帮助自己扩大影响力。他只是一颗暂时有用的棋子。

阿德勒当然不是省油的灯，他也从来没把弗洛伊德的权威放在眼里。因此，当弗洛伊德嘲讽他的理论时，他也并不会克制自己。

这些都使得阿德勒成为与弗洛伊德公开决裂的第一人。阿德勒和他的支持者的出走形成了精神分析学派"第一次出走潮"。荣格的出走是两三年后的事情了。

更可怕的是，他开了个坏头，起到"良好"的示范作用。后面类似的举动就一发不可收拾：荣格、布洛伊尔、奥托·兰克、威廉·莱西、克莱因等纷纷离去。弗洛伊德与他们的爱恨情仇逐渐拉开序幕。

尽管在别人眼里，阿德勒同荣格一样都是弗洛伊德的学生。但是阿德勒从来没有承认这一点，甚至这也成为他一生的痛点。

二十世纪五十年代的某天，人本主义大师马斯洛曾回忆：在一次晚餐中他无意间问及阿德勒是否是弗洛伊德的学生，阿德勒立刻变得非常愤怒，斥其为谎言，并立刻（注意是立刻）拿出1902年弗洛伊德写给他的明信片，证明当时他是受弗洛伊德之邀，以同道者而非门生的身份去讨论小组的。

这个"立刻",说明阿德勒一直随身携带着这个明信片。别人钱包里是老婆孩子的照片,他钱包里天天揣着这个明信片。

他的心理阴影面积到底有多大?!

阿德勒离开弗洛伊德之后,创造了个体心理学理论。这个理论认为:人是一个不可分割的实体,有自己的独特目的。而寻求人生的意义和追求理想是我们的基本动力。

综合起来,他的理论的核心就是"自卑与超越"!

1.What部分:什么是自卑

两个小孩打架,一个战战兢兢,左顾右盼,脸憋得通红,想随时开溜,一看就是比较害怕打架的孩子;而另外一个则怒目而视,口中念念有词,一副老子第一的样子。

阿德勒问:谁自卑?

你可能倾向于认为是那个退缩的孩子。但是,阿德勒认为,他们都是自卑的,只是表现方式不一样。

这里首先区分一个概念:自卑。它不是我们普通意义上的自卑,阿德勒认为:认识到自己的不足和不如人的地方而产生的感觉,都叫自卑。

每个人都是自卑的,并非只有看起来胆小、懦弱的人才会自卑。

即使是表面上很强势甚至是很自负的人，内心也同样有深切的自卑感。特别是那些表面上表现为自负，甚至不容置疑的人，他们许多都是内心深深自卑、容不得批评的"纸老虎"。甚至越自卑，越展现一副自负的样子，力图掩盖自己自卑的内心。

2.Why部分：自卑是怎么产生的

阿德勒认为：当人面对自己的某些缺陷，或遇到自己无法解决的困难时，都会产生一种无力感或无助感。因为它使人无所适从，进而对自己感到怀疑、失望和不满，这就是自卑感。

自卑感的产生可以追溯到婴儿期。由于人类幼崽在很长一段时间内是没有独立生存能力的，吃喝拉撒、衣食住行都要依赖成人的照看，因此，婴儿会体验到自己的渺小和无助，进而产生自卑感。

通常以下几个方面的内容会让我们产生自卑感。

身体缺陷：个子没别人高，体型没别人匀称，肌肉没别人发达，长得没别人好看。

家庭经济地位：家庭经济状态会影响我们看待世界的方式。有一句话叫：我努力半辈了，不过是为了和你坐下来喝杯咖啡。

想象上的自卑：有些人对自己能力评估不足，认为自己不行，做事退缩，缺乏自信。还有另外一类极端的人，他们认为自己是千里马，只是难遇伯乐，于是怨天尤人，一副怀才不遇的样子。

阿德勒认为：人生最大的谎言是"活在此时此刻"。

3.How部分：如何实现超越

自卑的对立面是优越感。阿德勒认为，追求优越是人行为的根本动力。也就是我们首先认识到自己的不足（自卑），然后努力去克服它，追求卓越。

追求优越有两种不同方法：一种是只追求个人优越而很少关心他人，其行为往往受过度夸张的自卑感驱使（个人奋斗）。另一种是追求一种优越、完善的社会，使每个人都能获益（利他与慈善）。

阿德勒认为：遗传、童年经历等先天的生物性因素，并不能决定人的命运，我们每个人都有机会通过自己的努力来改变自己的行为，完成自我超越。

途径如下：

第一，对自己的经历进行恰当解读。

面对同一种经历，我们可以有多种不同的解读方式。因此，真正束缚我们的不是环境，而是思想。

举个例子：

穷人家的孩子，他可以对自己的命运有两种解读方式：一种是埋怨社会不公，命运不好，父母太差；另一种，他可能认识到需要自己发奋努力，靠自己成就事业，走出自己的人生。

而不同的解读方式，会给他带来不同的命运。

所以说，穷人家的孩子不一定早当家，也有可能早成为小混混。富人家的孩子可能成为败家子，也可能将家族事业扩张。关键不在出身，而在对生活的解读。

第二，树立小目标。

阿德勒认为：要改变行为，先从改变目标做起。因为，真正决定一个人行为的，不是过去的经历，而是未来的目标。我们所有的行为，都是为目标服务的。

阿德勒说，请选择一个合理的目标，不顾一切地去实现它。切忌一开始把目标设置得过于高远，因为那样大概率会遭受挫折。我们要设置一个通过努力可以实现的目标，也要擅长把大目标拆解成可以实现的小目标。

第三，认识自卑和优越的关系。

阿德勒认为，追求优越和自卑感是密切联系的，是对自卑感的补偿。

说白了：自卑就像后驱车，动力从后面来，推着你向前进；优越就像前驱车，动力从前面来，拽着你向前走。

而我们要努力做四驱车。

弗洛姆——推理能力强，因爱流传广

有一个人，他毕生都在研究"爱"，甚至写了一本超级畅销书——《爱的艺术》。他自己的一生却经历数次结婚、离婚、出轨，情人用手指都数不过来。是他的爱太多，还是他其实根本不会爱？

这个人就是艾瑞克·弗洛姆（Erich Fromm，1900—1980）。

1900年，弗洛姆生于德国法兰克福市一个正统犹太教家庭，是个独生子。从小，弗洛姆就学习犹太教法典，阅读《圣经》，倾听先知的故事等。这构成了少年弗洛姆生活的重要内容。

父母虽然对他极其疼爱，但他仍感到孤独，期望着"能有什么东西把自己从这种孤独中拯救出来"。

1918年，他进入德国法兰克福大学学习法学。学了两学期，自感兴趣不大。

1919年暑假后，他进入海德堡大学学习社会学（1922年，获得社会学博士）。在这期间接触到马克思主义理论。这段求学经历对弗洛姆的精神分析社会学理论发展非常重要。

1923年，他进入慕尼黑大学研究精神分析理论，迅速被精神分析俘获。弗洛姆在弗洛伊德的学说中找到了他在年少时候的一段令人困惑而又害怕的经历的答案。于是，他如饥似渴地阅读弗洛伊德的著作，把弗洛伊德作为自己崇拜的偶像。

1926年，弗洛姆和比她大十岁的弗利达结婚。弗利达和弗洛姆的母亲长得很像，且行为方式都是一样的风格。更重要的是，弗利达是当时国际上有名的精神医生。

卡伦·霍妮，比弗洛姆大十五岁，曾经是弗洛姆的情人，后来分手了。霍妮也是一个如弗洛姆母亲般强大的人物，同时是国际著名的精神分析医生，名气甚至在弗洛姆之上。

1934年，他搬到纽约，进入哥伦比亚大学与霍妮和沙利文等精神分析顶级专家一起工作，三人都属于新弗洛伊德学派，后闹僵。

1980年，他病逝于瑞士洛伽诺。

很遗憾地说，我翻遍了所有关于他的传记，未发现他与弗洛伊德有直接见面的经历。

但是他尝试用精神分析的方法来分析弗洛伊德，这等于直接在太岁头上动土。

更重要的是，他试图用人本主义来调和马克思主义和弗洛伊德学说。这样他很快吸引了很多的追随者，因为无论是马克思主义，还是精神分析，都有大量的拥趸。

弗洛姆目睹了"一战"和"二战"的爆发。当他看到民族主义使普通德国人失去理性，甚至一向较为稳重的英国人、法国人等同样失去理性的时候，他感到非常困惑。他反思：为什么会有战争这种人类集体失去理性的行为？

弗洛姆的精神分析社会学理论认为：推理能力是我们人类独特的力量。它使得我们和自然分离，知道自己是一个独立的存在。但是，一旦运用推理能力，它就会让我们陷入矛盾的境地：因为推理能力，我们知道自己要努力活下去，但是，我们又通过推理发现了我们无法解决的问题。

第一，通过推理，我们会知道我们终将死去。但是，我们发明了"生死轮回"的说法来解决这一问题。

第二，通过推理，我们发现生命很短暂，我们无法改变历史。但是我们总是用"我们生活的时代是最文明的时代"来安慰自己。

第三，通过推理，我们发现自己是孤独的。于是我们努力寻找朋友，寻找同伴。

所以，学会了推理的人类思想是一个矛盾体，它使得我们难免在两个极端间游走。如果你倾向于负面的一端，比如终将死去，生命短暂，孤独，那么就容易发展成精神失常；如果倾向于积极的一端，比如轮回，文明时代以及寻找进步，那么就是正常发展的个人。说白了，社会就是这样的选择：你是去发现光明的一面，还是陷入黑暗之中不能自拔？

健康的个体通过推理找到生命的意义，找到自己存在的价值。而如果你找到的价值与人类的需求一致，那么恭喜你，你恰当地解决了你自身需要与人类需要的统一，找到了与自然界统一的路径。

我们有哪些途径可以让我们实现与人类需要和自然发展的统一？最主要的途径是：爱。

弗洛姆最受欢迎的一本书叫《爱的艺术》。此书一直是图书馆借阅频率最高的心理类图书之一。

什么是爱？

弗洛姆认为：爱是在保持个人的自我独立和完整的前提下，与自身以外的某人或物体统一的过程。即首先保持自身独立完整，然后尝试真正去理解、尊重和支持其他人。

爱有多重要？

爱是个人与世界合二为一的唯一途径，也是获得个性和完整个体的唯一途径。爱需要彼此分享与交流，也需要保持个人的独特和独立的自由。

怎么去爱？

弗洛姆认为爱包括四种基本要素。

（1）关心：也就是愿意关心和照顾对方，时时、事事替对方着想。尽管这是最初级的要素，但对很多人来说已经是很困难的事情了。

（2）责任：一种付出的意愿和能力。爱更多是付出，不是索取。愿意为对方付出才是真爱。

（3）尊重：也就是尊重对方的本来特质，不试图去改变对方。如果你爱一个人，那么就需要无条件地接纳他的优点和缺点。

（4）移情：就是能够站在对方的角度思考对方的需要。我们很多人只会从自己的角度看问题，难以跳出自己视野的局限。

但是，正如文章开头所说：提出这一理论的弗洛姆一生数次结婚、离婚，情人无数。这似乎表明他其实并没有真正"爱"过。

所罗门悖论？

其实，弗洛姆的理论对自己的这一特征也有解释。他说，两性刚开始确定关系的时候是爱的"发病期",而之后是爱情消失的"痊愈期"。也就是爱虽好,但激情总会过去。到时候我们或者承认爱情消失,得过且过;或者更换对象,另寻激情。弗洛姆显然属于后者。

现代精神分析派——"精分"播四海，新思发五洲

因为主要靠讲故事而不是科学实验来说明自己的理论，弗洛伊德经常被同时代的其他学者戏称为"文学家"。虽然弗洛伊德至死都认为自己应该获得诺贝尔生理医学奖，但是过了一年又一年，诺贝尔奖委员会显然是清晰地意识到了这一点，于是连提名的机会都没给他。

即便靠讲故事来忽悠人，他还是吸引了一批忠实的粉丝。这些粉丝吸收了弗洛伊德的思想，然后结合自己的理解，并融合当时的时代元素，发展和扩展了弗洛伊德的理论体系，使其通过不同的方式展现出来。

这些理论统称为：现代精神分析。

现代精神分析之一：自我心理学

一粒种子埋到土里，它就会本能地要发芽，要成长。我们能做的，就是在它们生长的某个时间，提供特定的营养。比如，在发芽的时候提供更多水分，在长叶子的时候提供更多氮肥，在开花的时候提供更多磷肥，在结果子的时候提供更多钾肥等。

自我心理学认为人的成长就像种一粒成长的种子，它会展现出强烈的生命欲望，本能地要发芽成长。一个小男孩生下来后，会喝奶，会游戏，你不教他他也会。

自我心理学重视社会、文化、人际关系在人格发展和形成方面的重要性。它认为自我是可以在本能需要得到满足（或挫折）的过程中发展起来的。

代表人物：

1.海因兹·哈特曼（Heinz Hartmann，1894—1970），生于德国，后移居美国。

2.哈里·沙利文（Harry Sullivan，1892—1949），美国人，祖籍爱尔兰。

3.爱利克·埃里克森（Erik Erikson，1902—1994），祖籍丹麦，生于德国，1933年移居美国。

理论贡献：

埃里克森的人格发展八阶段论（八大心理危机）。

1902年，埃里克森呱呱坠地，生父在他诞生之前就弃家出走了。三岁时，母亲嫁给了一位儿科医生。

随着小埃里克森长大，他渐渐发觉不对：他金发碧眼，明显跟他继父长得一点不像。

于是，他就去问母亲。可是母亲就是不告诉他，甚至到她去世也没跟他透露任何他生父的相关信息。他生父是谁成了他一辈子也解不开的疑团。

在这种矛盾状态下长大的埃里克森，自然认为人的一生就是由各种矛盾和冲突构成的。他依据人成长过程中面临的困境，将人的一生分成八大阶段。

（1）0—18个月：基本信任和不信任的心理冲突。

发展目标：婴儿的目标是建立起对周围世界的基本信任感。

发展好坏：如果婴儿得到较好的抚养并与母亲建立了良好的亲子关系，儿童将对周围世界产生信任感，否则将产生怀疑和不安，对外界恐惧和不信任。

父母守则：给孩子足够的爱和关注，让他对世界充满信任。

（2）18个月—3岁：自主与害羞和怀疑的冲突。

发展目标：儿童开始表现出自我控制的需要，渴望自主并试图自己做一些事情。

发展好坏：父母要允许儿童自由地探索，给予适当的关怀和保护以发展儿童的目的性行为、自主能力。如果父母对儿童一味地严厉要求和限制，会使得儿童对自己的能力产生怀疑。

父母守则：在保护他的安全基础上，放手让孩子去探索。

（3）3—6岁：主动对内疚的冲突。

发展目标：儿童既要保持对活动的热情，又要控制那些会造成危害或可能被禁止的活动。

发展好坏：发展得好会促使儿童树立对生活的积极性和进取心，过多的干涉可能会造成儿童畏惧、退缩，产生内疚感和失败感。

父母守则：成年人应该是监督而不是干涉儿童的主动性和创造性的活动。

（4）6—12岁：勤奋对自卑的冲突。

发展目标：体验到"成就"。

发展好坏：儿童的成功经验会增强儿童的胜任感，增加做事的自信心；连续的失败感则会导致儿童的自卑感和无价值感。

父母守则：鼓励孩子的"勤奋"行为。

（5）12—18岁：自我同一性和角色混乱的冲突。

发展目标：建立良好的对自我的认识。

发展好坏：建立良好的自我意识会使孩子具有明确的自我观念，达到自我内部与外部环境的协调。反之，则形成自我与他人的角色混乱，充满不确定感。

父母守则：帮助孩子正确评价和认识自己。

（6）18—25岁：亲密对孤独的冲突。

发展目标：与他人发生亲密关系，学会爱与被爱。

发展好坏：学习把自己的同一性与他人的同一性发生融合，发展得好，有助于收获友情和爱情，发展爱的能力；反之，则易导致与社会疏离。

父母守则：鼓励孩子在这期间去真正爱一次，不论结局如何。

（7）25—65岁：生育对自我专注的冲突。

发展目标：增强社会关系，关心他人，关心下一代。

发展好坏：成功解决这一时期的矛盾，容易形成热爱家庭、关爱社会、追求事业成功的人格；反之，则易形成只顾自我、缺乏社会责任感的人格特征。

父母守则：孩子已经成了父母，鼓励他去爱自己的孩子吧。

（8）65岁—死亡：自我整合与绝望期的冲突。

发展目标：接受自我、承认现实的感受，发现生命的意义。

发展好坏：生命的流逝有时候会让我们绝望，我们要发展出智慧战胜绝望。处理好这一矛盾，使我们在回顾一生的时候，感到生活有意义；否则，容易沉溺于悔恨旧事、消极失望中。

父母守则：孩子的孩子已经成了父母，我来带孙子。

评价：帮忙带孙子不完全是剥削父母，其实这一过程可以使他们体验到自己基因的延续和自身生命的价值。

现代精神分析之二：客体关系理论

还是上面那粒种子，它被播种到土里，它能长得什么样，取决于土壤的特征和环境特征：是在东北丰沃的黑土地，是在干旱的黄土高原，还是在江南水乡的水田里。

客体关系理论强调：人的成长的土壤就像种庄稼的土壤和环境，它对于种子的健康成长至关重要。对孩子来说，这个土壤就是母亲。

代表人物：

1.梅兰妮·克莱茵（Melanie Klein，1882—1960），生于维也纳，德裔，移居伦敦。

2.费尔贝恩（W.R.D.Fairbairn，1889—1964），英国心理学家，生于爱丁堡。

理论贡献：

克莱茵的客体关系理论认为：自我与他人的关系形态一旦建立，就会影响其日后的人际关系。进而言之，人们会去寻找符合过去已建立过关系形态的关系。

比如说：你的第一任女朋友对你影响很大，你通过与她的交往建立了与异性亲密相处的习惯。于是，下一次，你可能会寻找类似的异性关系模式。

一个人一生中大约会有几个阶段。

（1）部分客体

初生的婴儿只能根据他所体验到的客体的"好"或"坏"来代表这个客体。此时，他所体验到的只是客体的部分特征，故称之为部分客体。也就是小孩的思维是片面的，小孩子只是用好坏来评价世界。

刚出生的婴儿其内心世界是二分的，好的感觉—坏的感觉，爱—恨。这样的情况会持续到六七岁的孩子。比如孩子听故事，总会问：这个是好人还是坏人？

（2）完整客体

当儿童能够同时体验到客体既能给他带来满足，又会使他受到挫折的多面性时，他开始将客体作为一个完整的整体来体验，这就是所谓的完整客体。

儿童逐渐发现，给他无私爱的母亲也会对他提很多要求，限制他的活动等。母亲是一个"好"和"坏"的综合体。

（3）自体

自体，是我们对自己是什么样的人的基本经验。它就是一个内在的影像。通过与母亲的互动，儿童逐渐了解自己是一个什么样的人。自体强调的是婴儿从母婴关系的体验中发展出来的心理结构。

儿童的行为较少受其情欲冲动所驱使，而更多是受其生活中重要人物的情感所左右。而儿童生命早期最重要的他人，其实就是母亲。

母亲在儿童发展中的作用太重要啦。

现代精神分析之三：自体心理学

还是上面那粒种子，它被播种到土壤里，它能长成什么样，取决于土壤的好坏对种子内部成长的问题。也就是说，并不是播种在东北肥沃黑土地就一定生长得好，这得看种子是否适合这种土壤！椰子树就不一定喜欢黑土地，而江南某些贫瘠的山区却能长出优质的茶叶。

是的，自体心理学的思想就是这样。它认为环境对个人的影响取决于个体的内部特征。

代表人物：

海因茨·科胡特（Heinz Kohut，1913—1981），奥地利人，1939年移居美国，1964—1965年任美国精神分析协会主席，1971年发表《自体的分析》。

理论贡献：

自体心理学主张的是镜映、理想化和孪生需求三极自体的心理结构，三极平衡就形成健康的自体，否则就可能形成自体客体（不健康）。

举例说明吧。

现实中有一种人，他对别人的期待和要求很高，觉得人家关注他是应该的，你得陪他干这个，你得听他说那个，你得由着他的性子折腾，你不满足他，他就愤怒。

这种人就是把别人当成自己的"自体客体"了。

自体客体，就是他把别人当成是他自身的一部分，并为他发挥某些重要心理功能的客体。就好像别人是他身体的一部分，要无条件地自觉地为他服务。

比如：要求人家关爱他，且不见外。

估计你也想说，这种人就是那种超级自恋的人呀。是的，你答对了。

自恋型人格障碍：自恋型人格障碍的基本特征是对自我价值感的夸大和缺乏对他人的理解。这类人无根据地夸大自己的成就和才干，认为自己应当被视作"特殊人才"，认为自己的想法是独特的，只有特殊人物才能理解。

华生——风流倜傥哥，爱恨情仇多

有一个从小就调皮的孩子在听了很多遍狼外婆的故事之后，他决心去探究一下这一过程的心理学基础。于是，他耗费无数个黑夜到处给孩子讲狼外婆的故事。在吓坏了无数个孩子之后，他终于对这一现象给出了很好的解释。

在这基础上，他提出了跨时代的行为主义心理学，影响了后来心理学界的研究取向，成为一代大师。他的名字叫约翰·华生。

华生有多厉害？我们先看一句对他的评价：

心理学在达尔文那里失去灵魂，在华生这里失去思想。

不过，这评价怎么看都不像是正面的。

在具体介绍他如何"让心理学失去思想"之前，我们先看看他的经历以及他和很多女人的故事。

1878年，在一个性情暴躁、声名狼藉的小农场主家里，伴随着一声婴儿的啼哭，他的第四个孩子出生了。

这个"大胖小子"就是华生。

在华生十三岁时，他的父亲抛弃了家庭和其他女人私奔他乡。这让华生很受伤，也很自卑。同时，也让他对父亲怀有深深的痛恨，甚至终生没有原谅他。在其父亲八十多岁，已经垂垂老矣，很快将告别这个世界并极度渴望见他一面时，当时在学界呼风唤雨的华生，仍然拒绝看望。

年少时的自卑会随着时间而改变。华生慢慢长成了一个特别英俊的小伙子。一头天生自来卷的黑发，棱角分明的脸型，坚挺的下巴，外加一副坚毅的眼神，使他成为当时很多女孩心中英俊而有魅力的典型代表，以至于他每次上课，学生都会爆满，很多都得提前占座。因为别的专业的女生会跑过来蹭课，不为听讲座，就是想看着他。

在华生去世前后三十年的心理学界，很多人认为华生是他们见过的最英俊的心理学家。当然，很多人同时这样评价他：华生可能是跨时代的伟大情人之一。

虽然华生十分痛恨父亲抛弃家庭和其他女人私奔的行为，他却继承了父亲的基因，包括那些"花心"的基因。

1904年，他跟以前的学生玛丽结了婚，他们生有两个孩子。但是，他在整个婚姻过程中，仍然与许多女性保持着暧昧关系。特别是他爱上了年轻美丽的实验室助手雷纳。人们经常看到他们在大学里出双入对。华生也经常离家外出、彻夜不归。当然，华生也经常给雷纳写些热情洋溢的情书。

美国很多大学对教师和学生之间的恋爱关系是十分保守的，通常不允许甚至严厉禁止师生恋，因为它会破坏公平和秩序。如果华生这一桃色事件被曝出，他极有可能被取消教授头衔，甚至被逐出大学。

但华生并没有太在意这件事。华生以为自己的名气大，学校不能拿他怎么样。因为凭借他当时的影响力，随便去哪家大学就能将他们大学的世界排名提升一档。

但是，华生忽略了另外一点，那就是玛丽（妻子）和雷纳（助手兼情人）两个人的家庭背景。

玛丽的父亲是前内政部长，她哥哥也是极负盛名的政治家，家族势力很大。

雷纳家族也是当时地位显赫的财团。雷纳的叔叔是一位参议员。可以说在经济、政治上都很有影响力。

两方交锋的结果是：事件被曝出。显然华生高估了自己的影响力，一位学者，在掌握权力的政客和拥有财富的财团手里，是一只可以轻易地捏死的蚂蚁。于是，华生被迫从学校辞职。

华生和玛丽在1921年离婚。两人的离婚事件当时上了报纸头版。小报记者们耸人听闻地报道了华生的风流韵事，并把华生刻画成一名诱惑其美丽的研究助手、背叛妻子和孩子的行为主义大师。这使得华生在学术界臭名昭著，难以再谋到学术职位。

但华生还是个负责的男人，他在和玛丽离婚十天后便与雷纳结婚。这让他以前的朋友和同事十分尴尬。谁也不愿意在这个时候蹚这浑水，所以都不敢出席他们的婚礼。除了耶基斯（也就是提出"耶基斯—多德森定律"的那位）和铁钦纳这俩老朋友。

至此，华生在心理学上令人炫目的职业生涯就戛然而止。但是，他创立的行为主义思潮在心理学界正风起云涌，直接影响了其后一个多世纪的心理学研究（包括现在）。

离职后的华生显然在心理学圈混不下去了，于是他进了广告公司。他在广告界照样混得风生水起。他把心理学的知识和商界的推销技术成功结合，大大增强了广告的效果。三年后（1924）即成为公司副总裁。1936年跳槽成为另一家更大公司的副总裁。

但他仍然小心翼翼地尝试再回归心理学界。他在公司工作期间，仍然积极地做关于行为主义的讲座，当然也非常受欢迎。企业只管你能否带来利润，不管你结过几次婚；他还著书立说，推广自己的思想。但很遗憾，再也没有大学愿意给他做心理学研究的机会。

于是，1930年，华生彻底死心，切断了与心理学和心理学界的关系。他和雷纳买房置地，过上了农场主的生活，且与雷纳生了两个儿子。

可惜，红颜薄命。雷纳在三十多岁时因感染痢疾，久治不愈而去世。华生痛不欲生，老泪纵横。随后，他变得清心寡欲，看透名利，开始将时间更多地花在照顾他的动物和花园上。

尽管华生接下来的日子仍然有女人相伴，但再也没有走向婚姻。

华生于1915年当选美国心理学会主席，1921年离开心理学界。三十六年后，也就是1957年，华生已经年近八旬，美国心理学会终于给他颁发了一份金奖，奖励他对心理学的巨大贡献。华生因身体原因已经无法亲自领奖，他委派自己的儿子代为领奖。

颁奖词是：他的工作是构成现代心理学形式和实质的决定因素之一。他发动了心理学思想上的一场革命，他的作品是富有成果的，也是心理学研究工作得以延续不断的航程的起点。

这恐怕是对一个心理学研究者最高的褒奖了。

华生拿到奖章后喜极而泣。他爱了一辈子的心理学，终于给了他一个承认，尽管延迟了三十六年。

不久之后，1958年9月25日，华生与世长辞，没有遗憾。

华生的行为主义心理学理论

华生的行为主义心理学理论强调"不探究心理的具体过程，只侧重对行为的观测和控制"。也就是说，我不管你心里想什么，你也不要告诉我你心里想什么，因为一个人很难知道别人的真实想法。再说，你告诉我你的想法我也不知道那是否是真实的。

那怎么办呢？答案是：我只看你的行动，然后通过你的行动来推测你的真实想法。

举个例子：

怎么辨别某某是否是你的铁哥们？

错误判断标准1：某某在酒桌上的吹牛，动不动就脱口而出"咱俩多铁多铁，有事包在我身上"之类的豪言壮语。

错误判断标准2：你感觉你对他挺好的，上次你还送他一个贵重的礼物，他应该对得起你，是一个好哥们。

华生推荐的判断标准：我不相信感觉。我只看在我遇到困难的时候，谁会真正用行动帮我。

华生行为主义理论的特征：

华生的行为主义心理学根本不在乎你想什么（这和前面的精神分析之类的完全不一样），华生只是通过你的行为推测你的心理。

华生主张用客观化的方法研究人和动物的可观察行为。它彻底摒弃传统心理学研究的主观性、烦琐性、神秘性等特征。它使得心理学研究更加趋向自然科学化，这是心理学的一次革命性飞跃。不然，要是按照精神分析的路子走下来，现在连马路边算命的都看不起心理学了。

说到这里，大家明白我们上次提到的那句对华生的评价的含义了吧。

"心理学在达尔文那里失去灵魂，在华生这里失去思想。"

是的，华生的理论告诉我们探索心理规律的时候不需要探索一个人的思想是怎么想的，我们只看行为，然后推测心理就可以了。

这一思路可谓是"心理学不研究心理"的典范。

华生认为：人的行为是可以塑造的。行为的塑造主要是通过学习过程实现的。华生对行为的塑造主要通过条件反射（反射式学习）得以实现。

举个华生做实验的例子。

小朋友都喜欢毛茸茸的玩具和小动物，喜欢抱着它们，摸它们和它们过家家等。但是，华生想通过反射式学习让他们害怕这些毛茸茸的东西。他的做法非常简单：每次小朋友触碰到这些毛茸茸的玩具的时候，都会伴随一声可怕的声音（比如突然敲击金属产生的声音），结果发现只需要重复这一过程五轮，小朋友再遇见毛茸茸的玩具时总是努力躲开，且脸上露出惊恐的表情。

从小朋友的行为上看，我们可以判断他们的确对毛茸茸的玩具产生了恐惧。它是怎么建立的呢？那就是反射式学习，也就是在他们触碰毛茸茸的玩具的同时会伴随可怕的声音，他们便将毛茸茸的玩具和可怕的声音建立起联系，进而对毛茸茸的玩具产生恐惧。

这就是华生"塑造"人的手法。

华生说恐惧可以被塑造，当然也可以被消除。华生甚至嚣张地说："给我一打健康的婴儿，一个由我支配的特殊的环境，不管他们祖先的状况如何，我可以任意把他们培养成从领袖到小偷等各种类型的人。"

这世界上最好的广告，就是让你在"生理层面上记住它"。

然后你就可以理解为什么"脑白金"的广告这么烦人，而它的工厂还能持续这么多年且利润丰厚。而相反，那些创意十足的"泰国式"广告，除了看的时候感觉不错之外，似乎对它们广告的内容全无印象。

从广告效果的角度讲，"脑白金"式广告完爆"泰国式"广告。

比如，大部分小朋友是不害怕黑夜的。但如果在夜晚讲可怕的故事，就是和华生的"摸毛茸茸的玩具会伴随可怕的声音"一样，它会让小朋友把夜晚和可怕联系在一起，进而对夜晚产生恐惧。所以，父母看到孩子害怕某样东西的时候，要反思一下他的这个行为是不是被我们吓出来的。

华生直接拿儿童做实验，并且做的是恐惧形成的实验。这在当前的科学界是严重违反实验伦理的，因为这可能会影响这个孩子的一生。一些坏的心理特征形成很容易（比如恐惧等），但消除很难。

但当年华生做实验的时候，实验伦理并不健全。后来，科学界发现了这个问题，逐渐完善了实验伦理。这或许也是华生后来难以重返心理学界的原因之一。

托尔曼——电化转心理，依然成第一

大部分心理学学者写的论文都是沉闷枯燥的，不但别人不爱读，自己写完之后再读都想吐。但是有一个人除外，他文风风趣，用词优雅，用文字优美的作品打破了心理学文献沉闷的氛围，他就是爱德华·托尔曼。

老托尔曼坐在自己的椅子上，重重地抽了一口烟斗，然后吐出一堆烟雾。

作为公司总裁，他在公司里说话从来都是说一不二，没有人敢反对他，当然也没有人想反对他。因为他比公司里任何一个人几乎都更勤奋，更努力，思考更周到。他的格言就是"忙一点"。

然而，今天老托尔曼却无法说服自己的儿子爱德华·托尔曼，因为他要换专业了，要从电化学转向哲学和心理学。马上就要毕业的他有着大好的前程，而他却要抛弃自己四年的专业去学心理学。更可怕的是，老托尔曼甚至都不知道心理学未来能干什么。

老托尔曼是麻省理工学院首届毕业生，当时也是麻省理工学院理事会成员。因此他让他大儿子（理查德·托尔曼）也进入麻省理工学院学习，主修电化学。毕业后理查德·托尔曼迅速成为行业内的优秀人才，并且作为罗伯特·奥本海默的助手参与了美国的原子弹计划。

爱德华·托尔曼也进入了麻省理工学院学习。他本来也有机会和他哥哥一样成为这一有前途的行业中的佼佼者。但是，他今天提出要换专业，气得老托尔曼鼻子都歪了！

"告诉我你换专业的原因是什么？"老托尔曼吐了口烟，或许叹了口气。

"我哥太优秀了，我不想和他竞争。"爱德华毫无保留。

老托尔曼默默握紧了拳头……

爱德华没有抬头看他父亲怒目圆睁的样子，自顾自地往下说："母亲曾教育我'简单地生活，高尚地思考'，我想深入探究和了解人思考的规律。"

是呀，老托尔曼想起了自己的老婆。她是一名虔诚的贵格会教徒，也是一个温柔体贴的女人，总能用平淡的语言说出深刻的智慧。

她同时用自己的勤劳把整个家庭照顾得周到完善，把几个子女培养得个个成才！

老托尔曼深吸了一口烟，老婆大人的话似乎有道理：儿子换个专业，似乎也会让这个纯理科的家庭多一点不同。他看了儿子一眼，给了他一句忠告："要做就做最好的！"

爱德华·托尔曼狠狠地点了点头。他惊慌地走出父亲的办公室，从来没想到事情会这么顺利。

爱德华·托尔曼就是我们今天要讲的主角（以后的托尔曼专指他）。

麻省理工学院毕业后（1911），托尔曼进入哈佛大学学习，开始接触心理学。1915年他从哈佛大学获得博士学位，任教西北大学。但是，由于他积极地参与反战行动并宣扬和平主义，几年后被西北大学解雇（1918）。后来，他在加州大学伯克利分校任职，其后四十多年一直任职于加州大学。

但反叛的托尔曼并没有老老实实地在加州大学待着，他领导了对抗"宣誓年"的活动，并最终取得胜利。事情是这样的，"二战"之后，资本主义阵营和社会主义阵营对抗激烈，加州大学在雇员的宣誓词上增加了一段颇具意识形态色彩的文字，这与当时美国掀起的麦卡锡主义是一体的。但是托尔曼认为大学是思想自由的地方，政治限制会钳制思想的自由，于是他选择和校领导抗争，并最终促使校委会在1950年撤销了这一宣誓。1959年，加州大学授予托尔曼名誉法学博士学位，算是认可了他在这场斗争中的勇气。

托尔曼荣誉无数，曾任美国心理学会主席，国际心理学会主席，勒温协会会长，美国国家科学院成员。1957年获美国心理学会杰出科学贡献奖。

这其中的任何一个头衔都几乎是一个心理学工作者所能获得的最高荣誉，而他却来了个大满贯。

托尔曼的理论被称为认知行为主义。他的理论比华生的行为主义前面多了"认知"二字，表示他属于行为主义，但同时发展了行为主义。

比较一下。

华生行为主义理论：给予某种刺激，产生某种行为。

举例：给予小孩子一个可怕的声音，使其产生恐惧行为。

托尔曼认知行为主义：除了刺激和行为之外，还有个人的内在决定因素在发挥作用。

举例：比如在上面的恐惧实验里，在人们尝试敲击金属弄出声音的时候，如果小孩子能够调用内在决定因素，从环境整体上理解声音的来源，总结出了声音的规律，他就可以调节自己的恐惧情绪，不再害怕这一声音了。

这个内在决定因素，就是我们对整体环境的认识和把握。比如在上面的例子中，如果小孩子不是对可怕的声音单独反应，而是把这一声音放在整体环境下，统筹考虑，那么他的反应可能就不一样。

托尔曼将这种对事物的整体性认识称为认知地图。

认知地图（注意，地图在这里只是个比喻）就是个体（包括人和动物）通过学习而获得了对周围环境的信息以及对完成任务所需要的手段和途径的全面认识。

举例（1）：

你刚到一个新地方，对环境很陌生。因此你对这个地方的认识就是片面的，在遇到别人问路时你通常都是一通乱指挥。但是，经过一段时间的居住，你已经对这个地方很熟悉了，下次别人一提到某个地点，你立刻能在脑中勾勒出最佳路线：因为你对当地道路有一个整体的认识了。

你对当地道路的整体认识，就是认知地图。

举例（2）：

新学期，你和同学学习一门课程。在你们学习的过程中，很多新的概念、新的知识不断出现，弄得你们非常痛苦，让你们感觉这门课很琐碎枯燥，难以掌握，于是大部分人就放弃了（片面了解一门课）。但是，当你咬着牙学完之后，再回过来尝试统合性地看这门课程的内容时，你会发现这门课的逻辑还是比较清晰的，然后你对这门课会有更深刻的认识。

你对这门课的整体认识，就是认知地图。

认知地图指我们对一个事物的整体性认识。注意，整体不是信息的简单累加，而是在我们统合了各个知识点后，形成的系统整体的认识。

如何形成认知地图？

学习的时候，我们不要把思维局限在某个知识点上，而要努力从更宏观的角度，从整体上思考问题，这可以帮我们形成认知地图。

另外，我们有时候没有特意去把我们学的碎片的东西整合在一起，就如同我们没有刻意去统合性思考我们家周围的路一样。但是，我们还是对我们家周围的路形成了认知地图，很多时候吓自己一跳：这东西我会呀。是的，这一过程很多时候是悄悄发生的，不需要你刻意用心。托尔曼称之为"潜伏学习"。

每天你在行走的时候，路周围的商店、银行、公交车站、煎饼果子摊都在你脑中自动地加工着，尽管你意识不到这一点。只有某一天当你要找某个地点，比如煎饼果子摊的时候，你会立刻想到它的位置，你才发现，平时似乎根本没有刻意去记住它。这一过程就是"潜伏学习"。

我们应该好好利用认知地图的理论来提升学习效率。

赫尔——少时多困苦，日后统江湖

一个心理学家盛极一时，可以达到什么程度？我们看看下面这位。

1940—1950年十年间，在美国心理学会非常著名的《实验心理学》杂志和《比较心理学与生理心理学》杂志上，40%的论文都得引用他的论文或者提到他。

在"学习和动机"这一领域，70%的论文引用他的理论。

在他生命的最后三四年（1949—1952），在主要的实验心理学类型的杂志上，他的引用率高居第一，远超第二位。

更可怕的是，在当时论文被引用的前五名里，除了第一位的他，其他四位都是他的学生。

当时给人的感觉：心理学是他家开的，别家都是分店。

此人即克拉克·赫尔。

赫尔有这么大的影响力，你可能怀疑他和我们上一章节里提到的托尔曼一样，出身富裕家庭，从小起点就很高。可情况恰恰相反：赫尔出身贫寒，且经历过无数磨难，辍学数次。他的成才全靠一个东西，这东西后来成为他研究的对象："动机"。是的，赫尔的成功靠的就是他对成功的极其强烈的动机。

赫尔小的时候，全家搬到一座贫穷的农庄里。这附近的乡村穷到什么程度呢？整个乡村只有一所学校，这所学校里只有一间教室。所以读书的时候都是不同年级的孩子一起，年级高的教年级低的。

读中学时他就被迫中断了学业，因为确实没钱读了。

于是，他去明尼苏达当了一年采矿工程师的学徒，攒够了学费回来继续读。

可是，好不容易攒了点钱，回来读书，却患上严重的伤寒。

伤寒好不容易好了，他又患了一场严重的脊髓灰质炎，结果致使他一条腿瘫痪。当他成名后，便自嘲心理学圈多了个"用拐杖走路的人"。

为了攒钱读大学，他又在一所高中教了两年书。之后顺利进入密歇根大学读心理学。之所以选择心理学，是因为他觉得"心理学既可以有理论工作，又可以借助设备从事实践工作"。

磨难还在继续。为了攒钱读研究生，他又在一所师范院校教了一年书。

古人云："天将降大任于是人也，必先苦其心志。"这句话用在赫尔身上太合适了。在经历各种艰难困苦，克服重重困难之后，他在三十四岁才拿到博士学位（1918年）。毕业后留校任教。

但是，后来赫尔的人生就像开挂了一样。

几年后，四十岁左右时，他在美国心理学界已经声名鹊起。

1929年，进入耶鲁大学任教。

1936年，当选美国国家科学院院士，同年当选美国心理学会主席。

1952年病逝（退休前几周）。

赫尔在年轻时，对逻辑学和数学非常有兴趣。于是，在其未来的学术生涯中，他将这些内容融合进他的心理学研究之中，创建了逻辑行为主义。顾名思义，又是在华生行为主义基础上发展出来的一股心理学流派。

1930年，赫尔受邀去哈佛讲座，他看到了牛顿的《原理》和怀特海德的《数学原理》，颇受震撼。因为牛顿的理论几乎统一了当时的物理学，怀特海德也几乎统一了数学。赫尔想：我是不是应该努力统一一下心理学，改变心理学目前这种门派分散，各说各话的现状？

他这么想，也真的这么做了，并且还差一点成功了。

1. "假设—演绎"系统

赫尔从逻辑实证主义和操作主义方法论出发，认为一种科学体系必须具备以下三个特征：

（1）有一套表述清晰的公设，以及有具体明确的"操作性"定义的一组重要术语。

（2）从以上的公设出发，以尽可能严密的逻辑演绎出一系列相互连接的，包括有关领域的具体现象的定理。

（3）以所观察到的已知事实去检验、验证以上的定理。如果两者一致，则该理论系统为真，否则是没有科学意义的。

赫尔希望将"假设—演绎"的方法应用于心理学中，最终使心理学发展成像物理学和数学等自然科学一样客观的科学。

举个例子：

你想知道男朋友对你的爱有多深？那么可以设计以下公式：

爱我的程度 = （每天说爱我的次数 × 0.2）+ （送我礼物数 × 0.3）+ （我命令的响应速度 × 0.2）- （看别的女生的次数 × 0.5）+/-……

于是，你可以通过对方在这些上面的表现，计算出他对你爱的程度。

但是，这个公式里每个项目的权重可能不合适，比如"说爱我的

次数"是该乘以0.2还是0.25，或者其他数值，这就需要你不断在接触
男朋友的过程中调整这一参数。也就是你的公式是否合理，需要经过
事实的检验和调整。

赫尔尝试用这种方式去解释和预测人的行为。他一共创造了十七
个公式和十七个推论。

当前的大数据和算法，其实就是这种应用的另外一种变式。网站
或App可以根据你的行为预测你的爱好，然后给你不同的推送。然后进
一步根据你的浏览记录不断调整和计算你的偏好。

评价：虽然赫尔尝试统一心理学理论的努力最终失败。但是，
这也是近代心理学史上尝试统合心理学的最有意义的一次尝试，在
一定程度上，也是最接近成功的一次尝试。很多人称其为"伟大的
失败"。

自此，越来越少的人尝试去建立一种宏大理论来统合心理学。心
理学各个流派分别发展，目前已经逐渐呈现出四分五裂的格局。

2."外部刺激—刺激痕迹—运动神经冲动—外部行为反应"环路

赫尔修改了华生和托尔曼的刺激—反应公式（S-R）。提出了
"S—s—r—R"的公式。其中S为外部刺激，s为刺激痕迹，r为运动神
经冲动，R为外部行为反应。

赫尔认为：

（1）外部刺激消失后，但它对人或动物的影响并不会立刻消失，仍会持续存在一段时间，成为刺激痕迹。

比如：跟男朋友分手了（假如他以后再也不会出现了），但他对你的影响并不会立刻消失，而是会持续一段时间，在你脑中成为记忆痕迹。

（2）该刺激痕迹导致了运动神经冲动，而该运动神经冲动最终导致了外部行为反应。

比如：你脑中对男朋友的记忆痕迹，会促使你情不自禁地想起他，并且促使你常常不由自主地去你们曾经一起约会的小树林。或者，你经常无意识地拉着你新一任男友去这片小树林。

对比华生的理论，赫尔理论的创新点主要表现在：

赫尔不认为人是简单的"给我个刺激，我就做反应"（比如可怕的声音—恐惧）这种模式。而是，给我个刺激，刺激会在我脑中留下记忆痕迹，而这些记忆痕迹会促使我产生行为反应。

这一理论可以解释，在大多数状态下，人的行为都是没有受到直接的外部刺激的。生活中的大多数事情，是我们凭借记忆来驱使的，不一定由某一外部刺激所诱发。

与托尔曼理论比较，相同与不同点：

　　赫尔支持托尔曼的中介变量和整体行为的认识，他们都反对简单的"刺激—反应"模式，都认为二者中间存在中介。这一点在所有的新行为主义者中都是一致的。

　　但赫尔反对托尔曼关于行为的认知性，也就是促使个体反应的不是他对事物的认知，而是需要和驱力（也就是动机）。一个已经习得的反应是否发生的可能性（反应势能）是受习惯强度和内驱力所决定的。

　　举例：

　　已经吃饱了的小白鼠极少再去找吃的，即便它知道好吃的就在附近。原因不是它不知道那东西好吃，而是因为它没有需要和内驱力，也就是它真的不饿呀。

斯金纳——行为可操作，谁分对与错

为什么世界上大部分婴儿最先说的几个字都是"妈妈"或者"爸爸"？

婴儿最初是咿咿呀呀尝试发声，他会发出各种类型的声音，比如，"呜""哈""哒"等，面对这些声音，成人往往会报以微笑或者不反应。但是婴儿某次偶尔发出一声类似"妈"的声音被听到了，妈妈便给予强烈的反馈，比如大笑和爱抚。大人的这一反应让孩子很奇怪。经过多次类似的反复后，孩子就逐渐知道这个词有独特的含义，逐渐学会了叫"妈"。

因此，婴儿最初根本不知道"妈"的含义，只是其他发音得不到足够的响应而已。而偶尔的"妈"的发音却可以获得积极的反馈。这说明，不是婴儿学会了叫妈妈，而是我们的反馈帮他选择了"妈"这个字。

因为我们给予的反馈不同（积极或消极）而促使他人养成或戒除某种行为反应，这一过程被称为操作性条件反射。提出这一理论的心理学家叫斯金纳。

今天我们要讲的这位斯金纳是个极具争议性的人物：年轻时候的志向，都没实现。

第一次：

斯金纳年轻的时候希望成为一名作家。他大学毕业后曾经拿出一年时间来检验自己的写作才能，起码在形式上做足了功夫，比如：在家里设置了一间"作家书屋"，订阅文学杂志，看枯燥的文学名著，还学习作家"抽烟斗"。

但是，就像那些在开始一个爱好之前先把各种行头弄齐的人基本都会最终放弃这一爱好一样，斯金纳结果发现自己真不是写作的料，一年时间都没写出自己能读下去的东西。想想还是别浪费时间了。

第二次：

在已经确定自己喜欢心理学，并且申请到哈佛大学的研究生之后，他还是不死心，还希望在艺术家的道路上再尝试一次。于是，开学前，他到纽约的格林尼治村和巴黎住了几个月。格林尼治村是纽约曼哈顿的一部分，那里作家、艺术家云集。

不过，在这里，斯金纳发现自己的艺术细胞真的不够多，最终想想还是塌心研究心理学吧。

第三次：

1938年，斯金纳出版了《有机体的行为：一种实验分析》一书，尽管当时的心理学权威托尔曼写了热情洋溢的好评，斯金纳也相信自己可以凭借这本书成名，并成为超级畅销书作家。

但是，销量却很惨。印刷好的书都放在仓库发霉了。

大部分心理学家更多喜欢在实验室里探究自己的理论和发现，但是斯金纳不一样，他虽然没有最终成为作家或艺术家，但艺术家的思考方式还是影响着他。比如：

（1）他喜欢上电视脱口秀，宣传自己的理论，高调而不含蓄。

（2）他喜欢公开演讲，喜欢辩论，喜欢争论。因为曾受过"作家"的训练，他能够清楚、有效、幽默风趣地表达和支持自己的观点。一般情况下，他会把辩论会变成他的脱口秀，因为大家本来就是冲着看脱口秀才来看他的辩论会的。这通常让辩论的另一方即便讲道理也无人听。

（3）博士论文答辩的时候，他跟他的论文答辩主席波林（构造心理学大师，铁钦纳的学生，哈佛实验室的主任）互怼，答辩变成了二人的一对一辩论。戈登·奥尔伯特为了缓解气氛，岔开话题，说：

"你概况一下行为主义的缺点吧。"

斯金纳直接回答："没有任何缺点。"

结果斯金纳还是顺利通过了博士答辩。

斯金纳的名气曾无人能及。在二十世纪末《普通心理学》杂志评选的二十世纪100位心理学家中，斯金纳高居第一，硬生生把弗洛伊德给挤下去了。

我们看看他有多牛。

1945—1975，被评为这三十年间世界上最著名的心理学家（这是各种媒体调查的结果，不是他自封的）。

在社会科学领域，是论文被引用最频繁的作者之一（注意：是社会科学领域，不局限于心理学）。

1971年9月，登上《时代》杂志封面，可见其影响已经超出心理学范畴。

据调查，当时的美国大学生中，有82%的人能够认出斯金纳。风头压过当时因发明脊髓灰质炎疫苗而风靡学术界的索尔克和两次获得诺贝尔奖的鲍林。

在他的支持者中，他的理论被疯狂赞誉，这给他带来显赫的名声；但反对者则把他描绘成一个臭名昭著的恶棍，是人间的"撒旦"。

各位肯定会问，他提出了什么理论让他引起这么大的争议？

斯金纳的操作性条件反射理论

很多人喜欢看马戏团表演，或者到海洋馆看动物表演，看憨态可掬的海豚如何顶气球，看生性凶猛的老虎像小猫一样温驯，听驯兽员的命令做出违反动物本能的动作，比如跳过火圈。

你有没有思考过，他们是怎么把动物训练成这样的？

我们拿海豚学习顶气球来举例。

（1）一只小海豚来到海洋馆，它先是在海洋馆里自由地活动。海洋馆里有各种玩具，比如很多漂在水面的气球。小海豚很害怕，它躲在水底不肯出来。

（2）但时间长了就饿了，于是尝试性地出来找吃的，它用自己的鼻子四处乱蹭，可是似乎没有发现能吃的东西，越来越饿了。

（3）就在某个瞬间，它随意地顶了顶某个漂在水面的气球，结果奇迹出现了：一个满脸堆笑的阿姨出现，并扔给它几条好吃的鱼。

（4）这样经过几次，小海豚就逐渐知道了顶气球就有鱼吃的知识，于是它顶气球的行为就越来越多，甚至逐渐成了一种习惯反应：只要一见到气球，就想用自己的鼻子顶。

（5）但是，这时候水面的气球越来越少，越来越少，最终只剩一个了。小海豚必须非常专注才能尽快找到气球的位置，然后得到美味的鱼。

（6）难度进一步增大，气球开始逐渐离开水面，一点一点升高，海豚也需要越跳越高才能顶到气球。

经过一段时间的训练，海豚逐渐学会了跳起来顶气球。于是，这就出现了我们在海洋馆看到的一幕。

整个训练过程，就是应用了斯金纳的操作性条件反射理论。

斯金纳认为："如果一个自发行为发生后（比如本文开头所举的婴儿无意间发出"ma"的声音），接着给予一个强化刺激（母亲的微笑、爱抚），那么这一行为再次发生的概率就会增加。"

同样，如果一个自发行为发生后，受到惩罚，那么这一行为再次发生的概率就降低了。

斯金纳通过这一方法，可以训练鸽子辨别颜色，训练老鼠玩篮球，训练鸽子打乒乓球等。他还出版了《动物的学习》，专门描述他的行为塑造技术。

到目前为止，似乎他的理论并没有争议。

问题是，将这套操作性条件反射理论应用于人类社会，结果会怎样？

斯金纳在成名后，他的作家梦再次复苏。他写了一部乌托邦小说

《沃尔登第二》，描写了一个他想象的、用他的行为操作原理来制造（统治）的和谐而幸福的社会。故事主人公的目标是：努力建立更多此类社区，直至占领全国。

听上去很美好？问题是，谁来当这个"驯兽员"？独裁政府、极权政治的野心家们似乎都可以从中找到他们存在的理论依据和行为准则。

他的第一个人类实验，是在自己女儿身上尝试的。

女儿出生后，斯金纳尝试用自己的理论来教育（称其为"训练"更合适）女儿。为此，他给女儿建立了一个行为训练的装置，取名：空气婴儿房。这一行为在社会上引起了巨大的争议，民众分成两派：一派主要是孩子父母，他们热情求购此类装置；另一派主要是学术界人士，他们强烈批评这一行为：对待自己的孩子不应该像对待鸽子或者老鼠一样。

有传言说斯金纳的女儿受到永久性消极的影响，并成了一个精神病人。但事实是，她以"美国大学优等生荣誉学会成员"的名号毕业，后来成为一名成功的艺术家。

斯金纳曾尝试投资于大规模生产他的"空气婴儿房"。不过，幸运的是：他的合伙人卷款跑路了。

班杜拉——行为要学习，看看就可以

如果一家工厂接二连三地出现自杀事件，它是否是一个罪大恶极的血汗工厂？

如果某个国家的校园里接二连三地出现枪击案，这个国家的学生是否已经无可救药？

带着这些问题，我们慢慢往下看。

一天，我坐在沙发上看书。不到三岁的儿子躲在门后，用玩具水管自制的"手枪"玩射击游戏。见我没反应，他跑过来。"爸爸你要倒下呀。"当我按照要求被他"击毙"了很多次之后，他也会把"手枪"给我，让我对他"射击"，然后他做出中枪倒地状。

电视上，一群"古惑仔"经过一顿砍杀，击退对方之后，每人点上一根烟，相互拥抱庆祝胜利。看电视的人会模拟类似的行为。

二十世纪六七十年代，纽约地铁一度成为危险之地，暴力犯罪率奇高，乘客随时都有可能丧命。地铁犯罪案件每周可达250次，逃票现象更是屡禁不止。连警方多次打击都无法改变混乱的现状。后来他们改变策略，采用"杀一儆百"的方式打击逃票者，仔细清洗车内各种涂鸦，严格监控新的涂抹。结果，现状很快得到改变。

怎么样解释这些行为？

首先，不到三岁的小孩子是怎么学会"开枪"的？毫无疑问，我们前面讲的各个学派的理论都无法对这一问题进行解释：孩子不可能经历过枪战，我更不可能给孩子玩枪。答案其实很简单：孩子是通过看别人的行为学到的。当然，这其中很大一部分要"感谢"电视剧。这个学习过程被称为观察学习。

通常，人们在看到某个行为之后，并不一定也会表现出这种行为，因为缺乏具体的应用场景。但是，不出现并不表示我们已经忘记，当年的场景已经悄悄印刻在我们的心灵深处，只是我们没有遇到这种场景而已。我们通过看"古惑仔"电影学会了他们的行为，但是缺乏相应场景，我们不会表现出类似行为，只等某个特殊的时刻。这一过程被称为潜伏学习。

纽约地铁，只需要去除各种涂鸦符号，对逃票者进行严厉惩罚，就可以很快使整体环境得到改善，人们开始遵守纪律。这个过程中我们并没有直接去惩罚每一个人，但是他们看到别人的坏行为被惩罚了，也都学会了收敛自己的行为。这种看到别人的行为及其后果而影响自己行为的过程，被称为替代强化。

班杜拉通过自己的大量研究，提出了观察学习的概念：观察学习就是人们通过观察他人的行为及其后果而间接进行的学习。也就是说，你的大部分行为的习得，不一定是你刻意去记住或者通过"刺激—反应"来实现的。通常你只需要观察别人的行为，观察别人行为的后果就可以学习到了。

是的，班杜拉告诉你：学习就这么简单。并且，班杜拉强调：观察学习是我们社会行为的主要学习途径。

1925年，班杜拉出生在加拿大艾伯特省，父亲有个种小麦的农场，可以说班杜拉是个典型的小镇青年。更重要的是，他还是个文学青年。1949年获文学学士，1951年和1952年在艾奥瓦大学分别获得心理学硕士和博士（间隔一年获博士学位）。他在学习期间提出了社会学习理论，立刻使其名声大噪，名声甚至超过了他的导师。他毕业后去斯坦福大学执教（1953），1964年升任斯坦福大学心理系正教授。

一个普通大学刚刚毕业的学生，直接到美国排名前三的大学任教，这是何等水平的跳跃。

班杜拉曾经是世界上最有影响力的心理学家之一，曾任美国心理学会主席，加拿大心理学会名誉主席，美国艺术及科学院院士，美国科学院医学部院士。班杜拉获奖无数，其中包括1980年获美国心理学会杰出科学贡献奖；2016年荣获美国国家科学奖章。

班杜拉为什么这么有名？因为其研究结果的现实意义非常重大。我们通过介绍他经典的儿童攻击的行为实验来了解他的理论。

在研究中，班杜拉把儿童带到一间屋子里完成一个艺术课程（纯粹是个幌子），在同一个屋子的另一头，一个大人正在悄悄地与一些玩具玩，在大人的旁边有一个大木槌和一个充气人。

第一组儿童在完成艺术课程的时候，看到大人叫喊着用大木槌击打充气人；结束后换第二组儿童来完成课程，这组儿童看到的是大人只是悄悄地自己玩玩具，没有击打充气人的场景。

在每组的孩子们看了约十分钟之后，就把他们带到另一间屋子。里面放着各种各样孩子们喜欢的玩具，班杜拉却告诉他们说这些玩具是留给其他人玩的，他们不能玩。目的是激起他们的挫折感。

之后把孩子们带到第三间屋子。这个屋子里有一些玩具，包括充气人，他们可以随便玩。然后实验者通过摄像头观察孩子的行为表现。结果正如人们所预料的：第一组儿童简直就是那个打玩具的大人的翻版，他们表现出了更多的侵犯行为。而第二组儿童则没有。

实验继续，这次让儿童看电影。

儿童在电影中看到一个成年男子演示四种不同的攻击性行为。但在影片快结束时，一组儿童看到的是这个成人榜样受到另一个成人的奖励（那个人说："你是一个强壮的冠军。"）；而另一组儿童看到的是这个成人榜样受到惩罚（那个人说："喂，住手。我以后再看到你这样欺负弱者就给你一巴掌。"）

接下来，就让儿童进入一间游戏室，里面放有一个同样的充气人以及这个榜样使用过的其他物体。结果发现，看到榜样受奖励电影的那一组儿童，比看到榜样受惩罚的另一组儿童，表现出更多的攻击性行为。

实验还在继续。班杜拉想：这是否意味着，看到榜样受奖励的儿童会比看到榜样受惩罚的儿童习得更多的攻击性行为呢？也就是，两组的学习效果是有差别的，受奖励的那组孩子学得多。

为了回答这个问题，班杜拉在这两组儿童看完电影回到游戏室时，以提供糖果作为奖励，要求儿童尽可能地回想起榜样的行为，并付诸行动。结果表明，这两组儿童在模仿攻击性行为方面没有任何差异，即：都能同样精确地模仿出榜样的四种攻击性行为，并且顺序一点不错，细节也很惟妙惟肖。

这说明，两组儿童都学会了攻击行为。因此，实验里得到的不同结果，只是因为儿童是否愿意去模仿引起的，不是学习效果引起的。在榜样受到惩罚的条件下，儿童同样也习得了这种行为反应，只不过没有同样地表现出来罢了。

班杜拉的社会学习理论让人们开始深刻思考电视节目，特别是暴力电视节目给儿童带来的影响。它促使美国掀起了电影、电视剧分级的规则，以及对不恰当的电视内容进行屏蔽等措施。可以说，是班杜拉的努力，让我们今天的孩子得以面对相对干净的影视内容。

让我们回到文章开头的那些问题。

这里说的接二连三地发生员工自杀的工厂是法国电信。2010年左右，10万员工的法国电信有26人自杀。法国电信可是一直以高福利而闻名的。面对自杀，法国电信高层也是各方求助。

为什么自杀行为仿佛能够传染一样？

其实，班杜拉的理论能进行很好的解释。首先，这些人不是因为被公司虐待或者突然被解雇而自杀的。其实，他们本来就处在精神崩溃的边缘，或者有自杀的想法，但一时无从下手。后来，看到了模仿对象，就唤起了内心的渴望，模仿着"前人"行动了起来。

后来法国电信进行应对的策略也很简单，就是不管是否有自杀，再也不宣传了，当然媒体也疲倦了，就不再报道了。然后果然就没人自杀了。

接二连三发生枪击案的国家，大家一定猜到了，是美国。如果留意校园枪击案出现的时间，就会发现，它们会在一个时间段内密集地出现，而在其他大部分时间则很少发生。枪击事件不是凭空产生的，原有的矛盾通过"枪击"这种形式得到宣泄。一个人宣泄矛盾的方式有千万种，采取"枪击"这种极端手段也是模仿的结果。

桑代克——研究小动物，尝试与错误

农场里，鸡飞狗跳，驴嚎马笑，一片脏乱差但生机盎然的景象。

老实巴交的农场主最近发现一个怪事：他经常看见一个帅气的身影，久久地站在鸡舍前，眼睛直勾勾盯着小鸡，偶尔有飞过的小鸟误把他当作栖息的落脚点，站在头上小憩一下，但他仍然一动不动，仿佛一尊石像……

但他看上去不像偷鸡贼，因为鸡是他带来的。

那他在做什么？农场主好奇地凑上去一看，顿时吓得脸色铁青，口吐白沫（呕吐）。因为，这个人好像是在吃毛毛虫。

先告诉大家结论：他其实是在做实验。难道是吃毛毛虫考验意志力的实验？其实他是想给小鸡喂毛毛虫。

具体来说，他想给小鸡喂两种毛毛虫：一种是苦的，一种是甜的，看小鸡是否能通过吃不同口味的毛毛虫的过程学会选择毛毛虫。为此，他得提前品尝很多种毛毛虫。

而他，想通过这一过程研究小鸡的直觉和智力。

一个心理学家，不好好地在实验室做实验，跑到农场里吃毛毛虫，逗小鸡玩，是不是不务正业？如果你们这么想，那就冤枉他了。因为他也曾在自己住的地方养鸡，只是被暴跳如雷的房东赶出家门而已。然后他就带着他的小鸡宝宝到了农场里。

此人是心理学史上具有跨时代意义的人物：爱德华·桑代克。

桑代克不光养过小鸡，还养过很多只猫、狗、卷尾猴等，以至于他的邻居都认为他是在马戏团工作的。

桑代克的父亲是一名卫斯理公会的牧师，而当时卫斯理公会教堂牧师的任期不超过三年（也就是干三年得换地方）。于是，幼年的桑代克就随着父亲每三年换一个城市，换一所学校。不过，不论桑代克转到哪个学校读书，成绩都特别优异，所有课程成绩都是排年级前二。他成了标准的"别人家的孩子"。

1891年，桑代克进入卫斯理大学。不过，卫斯理大学显然是个小池塘，装不下桑代克这条大鱼。在1895年毕业的时候，他获得了卫斯理大学五十年来最高的平均学业成绩。

桑代克毕业后进入哈佛大学。于是开始拿小鸡做实验，他把书堆成迷宫，让小鸡找出来的路，可谓小鸡版本的"密室逃脱"。虽然小鸡刚开始很焦虑，但后来竟然找到出口了。并且，如果再把小鸡放进去，小鸡逃脱用的时间会越来越短。桑代克认为，小鸡一定是学会了逃脱迷宫的路径。

这一实验获得了当时美国心理学鼻祖詹姆斯的欣赏。正当詹姆斯准备将桑代克招至麾下的时候，他却提出退学了。原因让人啼笑皆非：桑代克爱上了一个女同学，相处了一段时间之后，自我感觉感情基本到位了，于是在某个夜晚，拉上一帮朋友，点上一堆蜡烛，制造气氛向人家求婚，结果被当面毫不客气地拒绝了。桑代克顿时颜面扫地，他的事例也成为校园段子手的重要题材，登上校报头条。于是他感觉在哈佛待不下去了，思考着退学或转学。

正在这时，哥伦比亚大学的卡特尔（当时心理学界牛人）给他一笔研究生奖学金。于是，桑代克坐着火车提着一个装有一群小鸡和两只猫的篮子，在满车厢人的注目下来到纽约，投奔哥伦比亚大学。

后来桑代克成名了，哈佛大学1912年曾邀请他加盟，但是被他拒绝了。桑代克1917年选为美国国家科学院院士；曾任美国心理学会主席，一度在美国心理学家中排名第一（1912年民意调查）。

桑代克是动物心理学的开创者。

桑代克的《动物的智慧》，被认为是动物实验心理学建立的一个标志。也就是用实验法研究动物的行为，进而推广到人类社会，借以解释人类的心理和行为。

他是教育心理学体系的创始人：他1903年出版的《教育心理学》被公认为教育心理学诞生的标志。他开创了一门新的学科。

他是心理学联结主义的建立者：设计了心理测验，为美国教育测验运动的领袖之一。

桑代克建立了动物实验心理学，在心理学家和动物研究之间架起了一道新的桥梁：那就是将动物作为抽象化的工具来解释人类心理中的一些常见概念。因为实验伦理的限制（比如不能伤害人的心理或身体），很多实验在人身上无法完成，借由动物进行模拟可以为解释这种行为提供一个窗口。

他的主要理论贡献：尝试性错误。

桑代克的理论主要来源于他对小鸡、小猫研究的结果。他最初做小鸡走迷宫实验取得了很多有意思的实验结果；后来他转到哥伦比亚大学学习，继续利用猫和狗等做实验。实验最基本的操作就是把动物放在迷宫里，看它们怎么走出去。当然，迷宫可以设计得容易和复杂。

最初，实验动物都是在迷宫里瞎转，不知该怎么办，只是偶尔会找到出口，逃出迷宫，而这通常需要花很多时间；但重复多次以后，动物在迷宫中转的次数都会减少，花费的时间也会减少很多；训练到一定次数以后，一把它们放入迷宫，它们甚至会立即直奔出口而去，很快就逃脱了。

结果说明：小鸡、小猫、小狗都不是通过理性推理和观察学习而学会逃出迷宫的；它们之所以能够顺利逃脱，原因只有一点，那就是不断尝试，不断犯错。在不断尝试和失败中慢慢总结哪些是无用的行为，然后记住那些有助于逃脱的行为。用桑代克的话说，就是它们已经在这些有用的行为和行为的目标之间建立了联系。

这和小孩子的学习其实是一样的。婴儿为了从框子里拿一个玩具，他可能要尝试很多种方式，经历很多次失败。

据此，桑代克提出了三大定律。

效果律：哪一种行为会被记住，会与刺激建立起联系，取决于这种行为产生的效果。例如，迷宫是一个刺激，小鸡在迷宫中会做出多种行为反应，但大多数反应都不能帮助它们逃出迷宫，而另一些行为则使它们得以逃脱并得到食物。因此，小鸡就记住了这些有效的行为，将迷宫这个刺激和这些有效的行为联系起来了。以后，一进迷宫，它们就知道做出什么反应了。

准备律：刺激反应的联结会随个体身心准备状态的差异而异。个体在有需求的状态下，动机就强烈，反之就弱。比如，如果将一只饥饿的猫放在笼子里，外面放一条鱼，它会发疯一样的不断尝试逃出来；而如果相反，把一只吃饱了的猫放在笼子里，它当时最大的需求可能是先睡一觉。所以，桑代克认为动机会影响我们的反应。

练习律：桑代克认为，练习次数的多寡影响刺激和反应之间练习的稳固程度。也就是练习越多，练习越紧密，小鸡越能够清楚记得要采取什么行动；反之，如果练习越少，练习越不紧密，小鸡就越难找到出口。

很多教科书上展示的桑代克的箱子，总是一个制作工整匀称的模样。然而，这是具有误导性的。桑代克真正使用的箱子和照片大相径庭：它通常是几篇零散的木板钉在一起，还有铁钉露出来，箱子的底板、顶棚常常是弯曲的，上面还有"香蕉""苹果"等标记。说明当初是水果或者蔬菜篓子，然后强行拼凑过来的。的确，制作箱子对从小就不喜欢手工和机械，一生连驾照都没拿到的桑代克来说，真的不容易。箱子虽然粗糙，其研究的内容却不粗糙，更没有妨碍研究结果的突破性。

皮亚杰——从小擅科研，贡献非等闲

　　1928年的某一天，有个人正向爱因斯坦吹嘘自己关于"儿童理解因果关系"的实验。爱因斯坦只觉得耳朵嗡嗡作响，听得头皮发麻，烦他耽误自己练小提琴。爱因斯坦想尽快把他打发走，于是就反问了他一系列问题。

　　小孩子是怎样理解速度的？

　　他们能明白距离与时间之间的函数关系吗？

　　孩子对速度的理解是不是更简单，也更依赖直觉呢？

　　爱因斯坦是想，这个你总不能在孩子身上做实验吧。因为即便是成人也没几个人能懂。然后，爱因斯坦就去拉他的小提琴了，以为他的耳根就真的清静了。可是，这人真的回去做实验了，并且回来跟他更加滔滔不绝地解释实验的流程和结果。

实验是这么做的：他在参与测试的孩子面前摆放了两条长短明显不同的轨道，上面各放一个玩具娃娃，再用金属棒推动玩具向前滑动，让它们同时到达轨道尽头。然后向孩子提问。

问："是不是一条轨道长，一条轨道短？"

孩子答："是的，那条长。"孩子指了指长的轨道。

问："两个玩具娃娃在轨道上的速度是一样快，还是一个比另一个快，为什么？"

孩子答："一样快，因为它们同时到达终点。"

于是他得出结论：孩子们理解的速度，并不能代表距离与时间的关系。

看着他一脸严肃而认真的表情，爱因斯坦痛苦地感叹：我真是多嘴，我真该让他教孩子相对论呀。

此人就是让·皮亚杰。

瑞士纳沙泰尔湖附近的法语区，是一个以盛产葡萄酒和钟表而闻名的区域。1896年，皮亚杰就出生在这里。他的父亲亚瑟·皮亚杰是大学中世纪文学教授，母亲丽贝卡·杰克逊是一个忠实的加尔文主义者。可以说是个非常传统而殷实的家庭，这为皮亚杰的发展提供了得天独厚的环境。

皮亚杰从小就表现出过人的天分，表现出对探索大自然极高的兴趣，然后整天围着父亲问问题，标准的十万个为什么。不同的是，父亲不是简单回答他的提问，而是鼓励他自己去探寻答案，这逐渐练就了他探索的能力。

十岁的时候，他观察到了白化症麻雀的问题，无法从现有文献中找到答案，于是他根据自己的观察发表了第一篇小文章。同时，他希望图书馆不要每次都安排他到儿童借阅区，要拿他当大人看；四年后他又发表了一些关于软体动物的文章。他的这一表现让博物馆人员对他刮目相看，馆长甚至专门给他设置了一个职位，让他可以更方便借阅馆内各种资料。

从小，皮亚杰就是这样一个不断发现问题，然后尝试用实验解决问题的人。比如，我们开篇提到的爱因斯坦提的那些问题的实验。沿着探寻生物奥秘的道路，二十二岁时，他获得了生物学博士学位，但是他后来逐渐对心理学，特别是儿童心理学感兴趣，认为心理是联系生理和社会的桥梁。他对儿童思维或智力的发展进行了规模庞大而系统完整的研究。

1925年和1927年，他的两个女儿先后出生，1931年，他的儿子出生。他在妻子的协助下，用大量时间观察儿童动作并进行各种实验。他对自己三个孩子的研究为他创立儿童心理发展理论奠定了重要基础。根据观察结果，他写成三本专著，主要论述儿童智慧行为的发生、儿童因果概念和儿童象征行为（模仿和游戏）的开始等问题。

皮亚杰一生出版著作60多部，论文500多篇，可谓著作等身。皮亚杰曾任瑞士心理学会主席、法语国家心理联合会主席和第十四届国际心理学大会主席。1969年获美国心理学会颁发的杰出科学贡献奖。《时代周刊》评选二十世纪100位最有影响力的思想家和科学家（不局限于心理学范畴），皮亚杰位列其中，是仅有的两位入选的心理学者之一（另一位是弗洛伊德），可见其影响范围之广之大（1999年）。

皮亚杰的贡献：发生认识论

皮亚杰的儿童心理学理论把生物学与认识论、逻辑学结合起来，从而将传统的认识论改造成为一门实证的实验科学。他创立的发生认识论主要研究作为知识形成基础的心理结构（即认识结构）和探讨知识发展过程中新知识形成的机制。

图式是认知结构的起点和核心

马斯洛说：如果你手里有一把锤子，所有的东西看上去都像钉子。因为有了锤子，你看待世界的方式就不一样了。锤子就是你现有的知觉、理解和思考世界的方式，它限定了你的思维的框架和倾向。

图式，就是我们思维的锤子。我们认识世界、思考世界都受它的影响和限制。与现实世界的锤子不一样，人的图式是随着时间而连续发展变化的，特别是儿童在不断和客观外界发生相互作用的过程中，图式不断发生变化。想一想，假如你的这把锤子有时候大，有时候小，有时候轻，有时候重，它会不会影响你判断世界上钉子的数量。

儿童认知发展的过程

人们的认知是怎么发展的，也就是新知识是怎么被我们学习到的？

举个例子：你们班有20个同学，大家相处久了，维持一种平衡状态。这时，一个同学要转学过来（同化）；于是会打破原有的同学关系，逐渐适应增加了一个同学的情况（顺应）；过了一阵子，新来的同学完全融合到新的班级里，大家达到一个新的状态（平衡）。

皮亚杰认为，认知的发展也经历这三个基本过程：同化、顺应、平衡。

三个概念的具体解释：同化是指有机体把外部要素整合进自己结构中去的过程；顺应是指有机体调节自己内部结构，适应特定刺激情境的过程；平衡是指个体通过自我调节机制使认知发展从一个平衡状态向另一个较高平衡状态过渡的过程。

儿童认知发展的阶段：

皮亚杰认为个体从出生到成年的认知发展可以分成多个阶段，它是认知图式不断重建的过程，也就是认识世界的锤子不断变化发展的过程。

从认知图式的性质出发，皮亚杰把儿童的认知发展划分为四个阶段。

（1）感知运动阶段（0—2岁）

特点：处于这一时期的儿童主要是靠感觉和动作来认识周围世界的。

举例：儿童不管看到什么都想摸一下，都想往嘴里送。因为他们在努力用自己最敏感的触觉（嘴）认识世界。

成人应对策略：多洗手，多洗玩具，但别限制他咬东西（在这一点上，皮亚杰和弗洛伊德的理论基本一致）。

（2）前运算阶段（2—7岁）

特点：认知开始具备符号功能，但是判断还是受直觉思维支配。

举例：在这个阶段，当你给小孩子一个饼干，他嫌少的时候，当着他的面掰成两个就行了。这时候，孩子的思维是一根筋的，看事物只看一个方面。

（3）具体运算阶段（7—11岁）

特点：借助具体事物，能做出一定程度的推理。

举例：我们小时候都是数手指来计算3+3的。要是计算5+7，就得借用边上小朋友的手或者脚指头才行。

（4）形式运算阶段（11岁至成年）

特点：借助符号进行思考。

举例：14+33=？答案是47。在这一过程中你拿豆子或手指一个个慢慢地数了吗？当然没有，因为你不需要借助具体的物体，可以在符号层面进行这些操作了。

不过，以上结果都是皮亚杰半个多世纪前做的研究。时代发展了，现在的孩子各认知发展阶段的年龄都比这要提前。

哪些内容会影响儿童认知发展呢？

（1）成熟。也就是身体的成长。神经系统和内分泌系统的成熟是认知发展的一个重要条件，它为形成新的行为模式和思维方式提供了一种可能性。所以，不要拔苗助长，教孩子超出他认知能力的知识是没有意义的。

（2）物理环境。在皮亚杰看来，知识来源于动作（动作起着组织或协调作用）。在小孩子触摸物体的过程中，他首先可以获得物体的特性（比如圆的、热的、粗糙的）；同时，他可以获得逻辑—数理的经验，比如"怎么搭积木不会倒下"，这就不是简单的数理知识了，而是一定的逻辑经验。

（3）社会环境。主要是语言和教育的作用，即人与人之间的相互作用和社会文化的传递。孩子在与父母、同伴的交流中，接收到外部的影响。

（4）具有自我调节作用的平衡过程。外部的知识，只有被我们有意识地融合到自己原有的知识体系里，才能成为我们的知识，对我们产生影响。比如路边有很多的砖头如果你不搬到家里，砌成房子，这些砖头对你就没有意义。

学了皮亚杰的理论，你可以根据孩子的认知阶段来哄孩子。比如，当孩子说自己的面包太小的时候，直接当着他的面拍扁即可。

有人评价皮亚杰：他就像一名海边拾贝的儿童，常被前方漂亮的贝壳吸引而忘记了回家的路。

费斯汀格——认知会失调，真相不重要

你是否思考过两个问题：

为什么有些事明明是错误的，却依然有人坚持在做？

为什么人会拼命为自己非常明显的错误进行辩护？

用两个例子来回答。

例子1：

经常有不法商家向老年人推销价高且不靠谱的保健品，他们将保健品宣传得神乎其神，甚至包治百病。稍有辨别力的人一看就知道是假的，可还是有很多老年人执迷不悟。如果你上去跟老人说这是不科学的，是骗人的，千万不要买。老人会立马生气，甚至跟你翻脸，斥责你不懂。最近就发生有诈骗团伙被抓，而受骗的老年人却努力去阻

挠警察抓诈骗团伙的事。

解释：

这些老年人智力出问题了吗？不是的，其实他们很多都清楚这些保健品没啥效果，但是他们拒绝承认这一现实。因为一旦自己承认，这就是在告诉别人，我自己犯了愚蠢的错误，自己是个大笨蛋，自己被骗了。于是他们会拼命说服自己，这些买来的东西是有用的，问题在于它们产生疗效还需要时间，或者就是这些年轻人不懂，或者现代科学解释不了等。

例子2：

传销主要是通过发展下层人员来计算业绩和报酬，本质是一种"庞氏骗局"。传销组织也成为国家打击的重要对象。很多陷入传销组织的人在被告知这是骗局的时候却仍然不肯退出，不肯及时收手，甚至会投入更多。是他们不知道这件事不靠谱吗？答案是否定的。大部分人都知道这件事是做不长久的，早晚要出问题，但他们为什么这么执迷不悟？

解释：

因为一旦承认传销是假的，就必须接受这样一个现实：自己一辈子的积蓄就这样被骗了，再也拿不回来了，自己是个大笨蛋，会被周围人笑话。人们不愿意接受这种现实，于是拼命说服自己：传销这件事上我只要再干一票，收回成本就立刻收手。时间长了，他们甚至会产生一种幻觉，认为自己是对的。

这些问题，有个叫费斯汀格的人做了大量研究。他给这种现象取了一个名字，叫认知失调：就是当你发现你的行为和心目中的自我形象不符时，就会产生一个合理的解释来说明自己的行为是正确的。

二十世纪末，世界各地都流行着世界末日的传说。可是，1999年这一年安全度过，世界末日并未到来，于是又有人蹦出来说依据玛雅日历，2012年是世界末日，当然也没成为现实。

这不是新鲜事，也不会到此为止。我们会发现很快还会有各种其他版本的末日预言出现。

二十世纪五十年代有个教派，教派成员们相信某年某月某日是世界末日，只有信教的人才会被外星人接走，而剩下的人将全部和地球一起毁灭。结果到了那一天，飞碟没来，地球也没有发生什么灾难。

面对这个事实，许多教徒开始了反思，认为自己这么聪明的人怎么会信错了教呢？而且还相信得如此彻底？所以他们给自己找了个解释：并不是他们的信仰出了问题，而恰恰是他们的信仰感动了外星人，推迟了末日的到来。

他们拯救了地球。

这就是认知失调。

当我们遇上与我们原有的知识和经验相悖，或者说与我们的预期不一样的情况时，怎么办？要么去接受新的知识和经验，要么就忽视甚至否认事实，依然坚持之前所固有的看法和信念。

第一种，好像是很理性的行为，却要勇于面对现实，接受新的知识，去改变自己以前不合理的观念。这种行为说起来简单，而实际上很少有人能做到。

事实上，我们往往选择后者。

因为，人是不会轻易地去改变自己原有的想法的，在改变与坚守之间，如果我们选择改变，那么我们将会得到和原有认知不一致的信息，这样我们就会难受。而如果选择后者，我们就不会在新知识、现实和固有的经验之间纠结、挣扎、难受、产生失调，这样我们心里就感觉安稳舒坦了。

1919年5月8日，里奥·费斯汀格出生在纽约市。他家境殷实，父亲开了一家刺绣工厂，于是他天天泡在工厂里学习刺绣，和刺绣女工们打成一片。父亲看这样不行，就决定送他去遥远的地方读大学。他在艾奥瓦州立大学取得硕士和博士，师从著名心理学家勒温，他是继勒温之后，将完形心理学原理应用于社会心理学研究的学者。

1959年，费斯汀格获美国心理学会颁发的杰出科学贡献奖；1972年当选为美国国家科学院院士。

费斯汀格在心理学上的贡献，主要来自他在社会心理学两方面的研究成果。

（1）社会比较理论。他认为，我们自己有多少价值不重要，我们都是通过和他人进行比较来评价自己的价值的。如果我们将自己和条件优于我们的人相比较，就感觉自己没价值；而如果我们将自己与条件劣于我们的人比较，就感觉自己很牛。

同样，你对自己收入是否满意也是通过比较得来的。做同样的工作，如果大部分人收入都比你高，你就感觉很不公平；而如果大部分人收入比你低，你就感觉很舒服。这个工作具体值多少钱并不重要。

（2）认知失调理论。他认为，当一个人在心理上出现新认知（新的理解）与旧认知（旧的信念）相互冲突的状况的时候，为了消除这种不一致带来的紧张感和不适感，会在心理上倾向于采用两种方式进行自我调适，其一为对于新认知予以否认；其二为寻求更多新认知的讯息，提升新认知的可信度，借以彻底取代旧认知，从而获得心理平衡。

一句话：如果面对和自己认识不一样的事物，或者改变自己的知识，或者改变自己对这一事情的看法。

再说上面那个信仰世界末日的例子。费斯汀格发现，当预言的某些末日或灾难没有来临时，一些坚定不移的信众（可能辞了工作、变卖家产，专心等待末日）反而会更加笃信他们的观念。这样可以在一定程度上弥补信仰与现实之间的差异。因为，他们已经付出这么多，已经一无所有了，如果承认信仰错了就得首先承认自己是世界第一大傻瓜。所以除了选择更加相信，其他的选择代价都太大。

不要认为这种思维离我们很远。费斯汀格有个更符合日常生活的实验。

让一组人去做一些非常无聊的工作，之后让他们告诉下一个参与实验的人："这个实验很有趣。"这明显与他们的实际体验不符合，需要他们说谎才行。

但是，如果他们这么做了，会随机分给他们1美元或者20美元的酬劳。拿到钱之后，再让他们回忆刚才的工作是否有趣，结果很出人意料：拿了20美元的都说实验很有趣（而这明显是违背事实的）；拿1美元的反而在说实话，认为比较无趣。

问题就在这里：明明是一件无趣的工作，为什么拿了很多钱之后就认为有趣了呢？原因是：人家给了他20美元，如果他还坚持说这个工作很无聊，那么他就是在骗钱。于是，他会产生很不爽的体验，也就是会产生认知失调。为了降低认知失调，他就会努力说服自己，"这个实验很有趣，我只是说了实话而已"。

而拿了1美元报酬的人，说实话的代价就比较小。

再举个日常应用的例子：金盆洗手有用吗？

古人常说金盆洗手，不要认为它只是一个比喻，因为它真的有用。

实验研究证明：洗手可以消除我们对过去罪行的愧疚，缓解进行补偿行为的迫切感以及削弱道德判断带来的厌恶作用。也就是，洗手真的让人感觉所有的罪恶都被冲掉，不再是坏人了。

这其实并不荒谬。因为在我们的潜意识当中，会有那么一种"纯净"的道德隐喻，即认为物理的干净和道德的干净是相互联系的，所以洗手似乎能洗去以前所犯下的罪行。也就是说物理清洗的心理影响已经超出了道德领域。

你可以用这个理论来解释各类宗教的仪式。

这些行为的背后，只是因为我们需要一个过程或仪式来减轻心里的担忧和焦虑。

所以，对一个家庭来说，一定的仪式感也是非常重要的。

司马贺——少时不努力，照样成大器

初看名字：司马贺。你一定想，终于要讲一个中国人了。

有点遗憾，这人并不是中国人。他的中国名字，只是由于他和中国交往频繁（1994年当选中国科学院外籍院士），且仰慕中国文化才取的，他就是赫伯特·西蒙（Herbert Simon）。

其实，在介绍他之前我是很犹豫的：如果把他作为心理学家来介绍似乎不能展现他的全貌。他是美国著名经济学家、社会学家、心理学家、计算机科学家，被誉为"人工智能之父""认知科学之父"。人工智能（认知心理学和计算机科学相结合产生的新学科）、认知科学和心理学都有一定的交集，因此把他界定为心理学家也是可以的。并且，在当前心理学研究中，认知派是一股影响巨大的力量。所以，很有必要看看他的贡献。

为什么说他是一个传奇呢？

据说，他在至少二十个领域都是专家。

一般人一生能得一个国际大奖就够了。但他拿奖特别多，比如诺贝尔经济学奖、图灵奖、美国国家科学奖、美国心理学会杰出科学贡献奖、美国心理学基金会心理科学终身成就奖等。

一般人拿个博士很辛苦，但他有九个博士头衔。

涉及领域：政治科学、公共管理、管理学、运筹学、系统理论、组织理论、决策理论和经济学、社会学、社会生物学、社会心理学和认知心理学、数学、哲学、语言学和计算机科学。

司马贺出生在一个德国后裔家庭（美国人）。家里还是比较富裕的：父亲是电气工程师，母亲是钢琴演奏家。父亲学识渊博、兴趣广泛，不管是手工活还是养花养草培养情操，都很有兴趣。而身为一个德国人，他又严格要求自己，以至于他在这些有兴趣的地方，都能做得很在行。

按理说，在这样的书香世家长大的司马贺应该是一个"青出于蓝胜于蓝"的美好德行传承者，结果他却成了一个养尊处优、好逸恶劳、生活奢靡的街头混混。司马贺年轻时的日子主要是在逃课、打架、交女朋友的过程中度过的。注意，这些可不是我说的。这是司马贺在回忆录里写的——《穿过歧路花园：司马贺传》。

司马贺就这样一直游玩，直到他二十二岁遇见自己的真爱。她是个管理学的牛人。司马贺的雕虫小技在她身上已经不奏效了，必须得踏踏实实来仔细研究这门学问。这一研究不要紧，司马贺发现自己还真是很擅长。于是，司马贺真正走向了自己第一个擅长的学科：管理学。

这个成就他终生事业的人，就是他的老婆多萝西娅·伊莎贝尔·派伊。

司马贺一生贡献无数。

贡献一：人工智能之父

司马贺的人工智能是研究用于模拟和扩展人的智能的理论、方法、技术及应用系统的一门新的技术科学。它企图了解智能的实质，并生产出一种新的能以人类智能相似的方式做出反应的智能机器，该领域的研究包括机器人、语言识别、图像识别、自然语言处理和专家系统等。

人工智能在司马贺之后虽然发展迅速，但未能取得突破性进展。原因就是他的这种思维方式——模拟人的思维。在心理学尚未揭示思维规律的时候谈模拟人的思维是很困难的。司马贺的人工智能受制于心理学的研究。

当前，机器学习的理论是不去模拟人的思维，通过大数据让机器自己去总结经验。这就摆脱了人工智能发展上受心理学发展制约的现实。

通俗点说，司马贺努力开发计算机程序来模拟和扩展人的思维。但是，如果要模拟人的思维，首先要努力弄懂人的思维。尽管依据当前的机器学习理论来看，这种模拟人思维的方法是很落伍的。但是，在当时的确是非常先进，且掀起了一场思维革命。

贡献二：符号主义的创始人

所谓符号主义，该学说认为知识的基本元素是符号，智能的基础依赖于知识，研究方法则是用计算机软件和心理学方法进行宏观上的人脑功能的模拟。这个学说从信息加工的观点研究人类思维，开辟了从信息加工观点来研究人类思维的方向，推动了人工智能的发展。

1980年，司马贺等又进一步提出了纯认知系统模型，在原来的物理符号系统上增加了情感、认知等。1975年，因为司马贺和纽厄尔在人工智能、认知心理学和列表处理方面的贡献，ACM授予他们计算机领域最高成就奖——图灵奖。后来，司马贺和其他两人又提出了一个认知方面的理论：组块理论。这个组块理论是现在有名的认知系统之

—SOAR系统的理论基础。

贡献三：决策理论的开拓者

得了图灵奖之后，司马贺又瞄上了诺贝尔奖，逢人就说自己想获诺贝尔奖。

他的同事都说不可能，他擅长的诺贝尔奖里都没设计算机这一项。

可他不服。他愣是将管理学、社会学、心理学和信息学杂交出来一个理论。后来竟然真的凭这个理论拿到了诺贝尔经济学奖。

司马贺认为，决策是管理的核心。他算出了决策四阶段，提出了"满意度"这种词汇，还把决策分为了程序化决策和非程序化决策两种类型。

其中，司马贺提到了有限理性理论，这是定义为一个非感情的计算和思考的方法。这个有限理性理论在人工智能里面也产生了很大的影响，特别是我们在研究智能体的时候，都是从有限理性理论的基础上来研究智能体的行为的。

另外一个理论是满意型决策，对人工智能也产生了很大的影响。以至于人工智能现在通常采用一种启发式的方法来达到这样的满意性，而不是去追求最优化，得到满意解。

司马贺理论的缺点是太杂。看了他的传记也没能归纳出一个清晰的思路。

卡尼曼——思考有快慢，冲动加偏见

有个汽车商做广告，重点宣传他的汽车节油。

第一种广告词：本车每10升汽油可以行使100公里。

第二种广告词：本车每100公里油耗10升。

数学好的你，可能早已经算出来了，他们的油耗是一样的。但是，你有没有感觉他们二者之间的区别？

第一种说法，人们会关注在里程上。感觉是，可以跑这么远。

第二种说法，人们关注点会在油耗上，感觉是，要耗这么多油。

美国的汽车广告基本是第一种策略，中国的汽车广告基本是第二种策略。这可能和美国人不太在意汽车油耗的原因有关。

通过以上这个例子，你会发现你最初以为自己是一个理性的人，但是感性的行为会时时刻刻决定和影响着你的判断和决策。

再举两个例子。

某超市准备降价促销一种婴儿奶粉。有两种标识方法。第一种是明确指示"每人限购12罐",这时平均每人的购买量是7罐。在明确指示"不限量"时,平均每人的购买量是2罐。注意,不论买多少罐,奶粉的价格都是一样的。下次去超市,不要被"限量供应"给忽悠了。

手术前,医生可以对病人说:"这种手术的存活率是90%",也可以对病人说:"这种手术的死亡率是10%",病人的感受是不是不一样?

这些研究证明,我们日常的决策受各种环境因素的影响。做这些研究的人,就是丹尼尔·卡尼曼和他的好友阿莫斯·特沃斯基。

2002年,卡尼曼获得了诺贝尔经济学奖。这可是第一个纯正的心理学家获得诺贝尔奖(巴甫洛夫、斯佩里是生理学家,司马贺更多是在计算机领域)。

在颁奖典礼上,卡尼曼热泪盈眶,深情地怀念起多年的挚友——阿莫斯·特沃斯基。他说:"我多想特沃斯基还活着,和我一起分享这个奖项。"

不是卡尼曼谦虚,这是学术界的共识。甚至,如果卡尼曼不这么说，所有人都会鄙视他。

卡尼曼是法国犹太人的后代。他出生的那个时代，希特勒横扫欧洲，种族清洗犹太人，年轻的卡尼曼是在漂泊和逃难中度过童年的，一直到以色列建国才安顿下来。逃难的经历使卡尼曼缺乏安全感，内心也比较敏感，常常怀疑人生。

特沃斯基是土生土长的以色列人。母亲是政治家、女强人。特沃斯基从小合群，勇敢，且善于打动和影响其他人。他曾经加入以色列伞兵部队，并因为冒死保护战友获得勇士勋章。特沃斯基的内心是自信而强大的。

虽然经历不同，但有缘千里来相会。1969年，一次关于直觉决策的准确性争论让两个人从此惺惺相惜，形影不离。

两人在个性特征和研究习惯上的差异，使他们能够在研究的过程中取长补短，优势互补。卡尼曼很敏感，这促使他经常提出很好的问题；而特沃斯基思维缜密，他会使卡尼曼的问题成为一个科学研究题目，并提出科学规范的解释。

因此，对于一篇论文，或是一个研究成果，两个人的贡献彼此交织，难以拆分，也没法判断到底谁的贡献更大一点。以至于通常一篇论文写好，两人彼此推让第一作者的署名权，最后只能靠投掷硬币决定。

形影不离大约十年之后，1978年，卡尼曼再婚。为了和新婚妻子在一起，他去了加拿大温哥华的不列颠哥伦比亚大学。作为好友，特沃斯基也毅然举家迁居北美，不过是去了斯坦福大学。

尽管距离1500公里，但两人每隔一个星期会坐飞机聚会一次。

距离会产生美，但更多情况下也会产生裂痕。因为特沃斯基的个性外向、自信，学术界倾向于将他们的贡献归功于特沃斯基。比如，特沃斯基很早就当选为美国国家科学院的院士；1984年，特沃斯基还获得了在学术界很有影响的麦克阿瑟天才奖。

卡尼曼则始终一无所获。

敏感的卡尼曼当然无法接受这种结局。他思考了很久，发现想摆脱特沃斯基的巨大阴影，他必须出来单飞才行。

1996年，经过无数个无眠的夜晚，卡尼曼决定向特沃斯基提出绝交。

面对卡尼曼的绝交要求，特沃斯基只是点了点头，沉默不语。可是，绝交三天之后，特沃斯基被诊断出恶性黑色素瘤，医生说他最多只能活六个月了。

卡尼曼当即泪崩。在那一刻，所有的荣誉都成过眼云烟。卡尼曼陪着特沃斯基度过了生命中的最后时光。

2002年，卡尼曼凭借当年两人共同的研究成果获得诺贝尔经济学奖，成为有史以来第一个得到这个奖项的心理学家。

卡尼曼与特沃斯基的理论贡献，主要是前景理论。它关注的是人类的决策和判断机制。更具体地说，是探索人类决策的偏差。也就是人们做决定的时候容易犯的错误。

判断的偏见

（1）卡尼曼等对股票市场的研究发现：不论是个人投资者还是机构投资者，都不存在可以持续赚钱的投资技能。一些人或基金公司能赚钱的原因仅仅是运气好，并不存在什么专业投资技能。多数基金管理人的表现并不比乱扔飞镖的黑猩猩更好一些。

为什么你感觉基金公司都是赚钱的呢？这是因为你平常只关注赚钱的基金，也是他们会大肆宣传的基金。亏钱的基金总是恨不得躲在角落里，越少人关注越好。比如一家公司有10只基金，5只赚钱，5只不赚钱，那么他们会重点宣传自己赚钱的基金，而对不赚钱的则只字不提。

这就是：代表性偏见。也就是指你常常会过分相信小样本的意义，认为小样本也能代表整体，或者整体情况能通过小样本体现出来。而你不知道，你看到的小样本是经过精心挑选的。

（2）在家庭里，如果让丈夫和妻子判断自己的贡献，他们都会倾向于认为自己的付出超过50%。即便很少付出、整天在外鬼混的丈夫也认为自己贡献巨大。为什么呢？因为，人们在形成判断的过程中往往会根据可记忆的和常见的事情进行判断。自己做的事情是记忆最深刻的，别人做的更多的是一个符号。

这就是：可得性偏见，是指你越容易想起一件事，就越认为这件事重要且容易发生。

（3）谈判开始的时候，谈判双方通常都会狮子大开口。比如，两国贸易谈判，其中一方在谈判之前总会吹风，提出一些极其荒谬而过分的要求。为什么？他们失去理智了吗？当然不是，这是在利用锚定效应。也就是首先给你设置了一个标准，然后在谈判的时候再让步，最后让你感觉占了很大的便宜。

不论是电商，还是大商场的促销，都会说：原价1000元，现价200元。原价一定很高，让你感觉以现在的价格买到，就是捡了便宜。而如果直接给你标一个现在卖的价格，你大概不会有这种感觉。

很多人到国外旅游的时候，都会经不起导游的忽悠大肆购物。导游甚至说："买得越多赚得越多。"为什么？很多人拿某商品国内的价格作为参考，感觉在国外买就是赚了大便宜。但是，请清醒一下：这就是它原本的价格。

这就是：锚定性偏见。指你在做判断时，常常会受先入为主的第一印象支配。

（4）来做个测验。由于你最近工作表现不错，公司准备奖励你。现在给你两个选择：你有百分之百的机会获得200元；或者三分之一的机会获得600元，三分之二的机会分文没有。你选哪个？

请在心里记住答案。

现在有另外一种情境，你在网上购物被骗了600元，然后报警了。警察告诉你有两种处理方式：第一种方案可以使你挽回200元；第二种方案可以有三分之一的机会全要回来，三分之二的机会你一分钱也要不回来。你选哪个？

现在，请比较第一种情境和第二种情境下的答案。

卡尼曼的前景理论指出：人们在面对可能获得的收益时，往往小心翼翼，不愿意冒险（也就是在第一种情境选百分之百的机会获得200元）；但在面对损失时，又会变得愿意冒险一搏（也就是在第二种情境选有三分之一机会追回600元）。但聪明的你会发现，如果一个人的风险偏好是不变的，他就应该都选稳定收益200元，或者都选冒险收益600元。

可事实不是。人的风险偏好，事实上会随着自己心理状态的变化而改变。这和传统经济学认为人的风险偏好相对稳定的观点完全不一样。传统经济学理论认为人是理性的，所有的假设都建立在理性人的假设之上。

可是，卡尼曼的研究发现，人的决策很多时候是非理性的。卡尼曼的研究开创了行为经济学，对经济学的发展方向产生了巨大影响。

经济学家塞勒受卡尼曼理论的影响，发展了自己的理论，进而获得了2017年诺贝尔经济学奖。桑斯坦（奥巴马经济顾问）受卡尼曼理论的影响，改进了很多政策，比如，修改美国汽车油耗表达方法，应用跟中国类似的表达方式（100迈用多少加仑汽油）来推进节能减排。

你开始怀疑自己的理性了吗？

斯佩里——大脑分左右，分工配合"溜"

　　在美国，运动队是大学非常重要的组成部分。

　　运动队的教练是全校收入最高的人，甚至是普通大学教授收入的几十倍。而一个大学校队的明星运动员，更是整个学校的明星学生。他们的日常训练都有粉丝围观，每次出场都有成群的女孩尖叫、欢呼，他们也很享受这种万众瞩目的感觉。

　　他们通常的发展道路是加入更加职业的运动队，比如打篮球的从NCAA到NBA，或者在退役后从事运动教练相关的工作。

　　人们通常认为这些搞运动的人"头脑简单、四肢发达"，很难将这些人和学术研究联系在一起。但有一个人，他本科主修英文专业，是大学运动队的明星球员，并且人还长得超级帅，可以想象当时有多少女孩为他疯狂。但他毕业后改学心理学和生理学、神经科学，并且最终获得了诺贝尔生理学或医学奖，写出了人生新的篇章。

此人就是：美国生物心理学家罗杰·斯佩里。

斯佩里1913生于哈特福德。哈特福德是美国康涅狄格州首府，离耶鲁大学和哈佛大学都不远。但是他年轻的时候成绩一般般，并没有被附近的耶鲁大学或哈佛大学录取的机会，只能远走他乡。

在这里，他作为校队队员获得了辉煌的战绩，又长得帅，因此吸粉无数。不过，在每天的训练之外，他还喜欢钻研心理学、生理学。于是，他在这个学校又顺便读了一个心理学硕士。不过，到这个时候，这所学校的池塘太小，容不下这条大鱼了，他便考入芝加哥大学读博士，并于1941年获芝加哥大学哲学博士学位。从1942年起，他开始从事生物学研究，1954年，他来到加州理工学院，任生物心理学教授。

所以，严格意义上说，斯佩里并不是一个心理学家。

奖项与荣誉：

曾荣获美国国家科学奖；1960年当选为美国国家科学院院士；1971年获美国心理学会颁发的杰出科学贡献奖；1981年，获得诺贝尔生理学或医学奖。

如果你吃过核桃，你会发现核桃其实是分左右两半的，中间有一块区域把左右两半联系在一起。我们的大脑非常像一个核桃，正常人的大脑也有两个半球，但是由于胼胝体的连接，左、右两个半球的信息可在瞬间进行交流，因此，正常人的脑是作为一个整体而起作用的。

科学家很早就知道我们大脑的两个半球在机能上有分工：比如左半球感受并控制右边的身体，右半球感受并控制左边的身体。给人的第一印象是大脑好像是对称的。

但是，这种对称的观点很快受到了挑战。法国医生布洛卡发现患有失语症的病人，其大脑左半球颞叶有损伤，这一区域称为"布洛卡区"，但右侧并未受到损伤。只是左侧损坏就可以导致说话困难，右侧对称部位损坏却不影响说话。因此，在语言上，大脑根本不是对称的。

另外，这些研究是建立在右撇子（右手占优势）的研究基础上的。对左撇子（左手占优势）的研究该如何呢？研究发现少数左撇子的语言中枢在右半球或分在两个半球上。

这就打破了人们认为的脑的左右对称的观点。

随后，人们又陆续发现了左半球的其他的一些部位与书写、阅读等功能有关，而与右半球的关系很小。由于大多数人的语言中枢位于左半球，大脑左半球就被人们称为"优势半球"。

这使人们产生了神经学上的另外一个极端观念，即认为大脑有优势的、起主要作用的左半球和劣势的、起次要作用的右半球。次要半球除了无言语能力、无书写能力及患语聋症和患文字盲症外，还被推论出缺乏将语言和符号处理联系在一起的更高级的认识能力。

可问题是：如果左右不对称，那左右两侧是怎么分工的呢？斯佩里尝试用研究来回答这一问题。

要做左右脑分工的研究，就需要把活人的大脑从中间切开，把胼胝体切断使左右大脑两侧分离，然后看看他的能力有没有改变。显然，没有人愿意让科学家把自己的大脑切成两半，因为，大脑一旦切开，就再也恢复不了原样了。

所以，斯佩里最初是对动物进行裂脑研究的。他把猫、猴子、猩猩的胼胝体割断，称为割裂脑手术。这样两个半球的相互联系就被切断，外界信息传至大脑半球皮层的某一部分后，不能同时又将此信息通过横向胼胝体纤维传至对侧大脑皮层相对应的部分。于是，每个半球各自独立地进行活动，彼此不知道对侧半球的活动情况。

但因为动物缺乏高级思维功能，很多研究必须得在人身上做才行。终于，他发现了一种病人，他们的胼胝体是因为手术被切断的。

有一种脑部疾患叫作癫痫，疾病发作时病人会突然丧失意识，倒地，全身肌肉抽搐，并伴有咬舌、流涎、尿失禁等症状，俗称羊角风。

斯佩里为了医治此病，将患者连接大脑两半球的主要神经纤维胼胼体切断，使一侧大脑半球的病灶所产生的神经放电不能扩散到另一半球去。

手术后患者的病情得到了极大的改善，而且也未出现不良的后遗症，如人格和智力的改变等。总体上，手术是成功的。

然而经过这样手术的人，毕竟与常人有所不同了，他们实际上成了有两个独立大脑的所谓裂脑人。他发现被切断了胼胝体的病人，表现出一些奇特的行为，于是，他设计了一系列实验来探索人脑的左右分工。

实验是这么做的：

在一个实验中让一个裂脑人坐在挡住他双手的屏幕前，视线凝神屏幕中心的一点，然后在屏幕上用0.1秒的时间闪现"小狗"这个词（"小"呈现在左半屏幕，"狗"呈现在右半屏幕），由于呈现时间短得裂脑人的眼睛来不及移动，使得他一只眼睛不可能看到两个字。于是，"小"就传到了大脑右半球，"狗"就传递到了大脑左半球。当要求裂脑人说出他看到了什么时，他只回答看到了"狗"字。进一步要求裂脑人说出与"狗"组合的另外一个字，他只好猜测是"狗头""狼狗""狗粮"等。这表明语言中枢在左半球。如果在左半屏幕闪现一个物体的名称，从而使这个词传递到右半球，裂脑人虽然不能说出物体的名称，但能用左手从一堆他看不见的物体中选出"小"物体。表明虽然右半球有一些语言的功能，但语言中枢位于左半球。

我们简单归纳一下当前对大脑左右半球不对称的研究结论吧。

裂脑人其实已经具有了两个独立的大脑，他们可以自由地一只手画圆，一只手画方形。裂脑人的每一个半球都有其独自的感觉、知觉和意念，能独立地学习、记忆和理解，两个半球都能被训练执行同时发生的相互矛盾的任务。

人的大脑两半球存在机能上的分工，对于大多数人来说，左半球是处理语言信息的"优势半球"，它还能完成那些复杂、连续、有分析的活动，以及熟练地进行数学运算。

右半球虽然是"非优势的"，但是它掌管空间知觉的能力，对非语言性的视觉图像的感知和分析比左半球占优势。

音乐和艺术能力以及情绪反应等与右半球有更大的关系。对于正常人来说，大脑两半球虽然存在机能的分工，但是大脑始终是作为一个整体而工作的。

斯佩里通过一系列的研究，发现了大脑两个半球机能的不对称性，右半球也有语言功能，从而更新了优势半球的概念。他的研究深入地揭示了人的语言、思维和意识与两个半球的关系，成绩卓著，最终获得了1981年度诺贝尔生理学或医学奖。

哈洛——虐猴大变态，却为研究爱

　　哈利·哈洛，原名哈利·以色列，他于1905年出生在艾奥瓦州。父亲是一名不太成功的发明家，基本每天都待在实验室鼓捣他的瓶瓶罐罐，结果基本上都是失败。他不但不关心哈利的生活，甚至每次发明失败后都会对小哈利横眉冷对；而他的母亲，也不是那么和蔼可亲，很少给他温暖而贴心的安慰。因此，哈利从小就有强烈的因为缺乏爱和关注而产生的自卑感。上学以后，他也非常不合群，很少和班里其他小朋友交往。

　　别的小朋友业余时间踢足球、捉迷藏，而哈利几乎把他所有的业余时间都用来画画。因为在他的图画世界里，他可以和画里的人物交流，他是那里的君王。他喜欢画飞行的动物和长着角的怪兽。而每当他画完一幅画，他就用粗黑线条把怪兽切开。如果弗洛伊德看见这一景象，可能会解释这些怪兽就是潜意识里他的父母的象征。

哈利的行为方式听上去和《生活大爆炸》里的谢尔顿很像。是的，不但行为很像，他也长了一个和谢尔顿一样聪明的脑袋。他考入了斯坦福大学，跟随著名的智商研究专家刘易斯·推孟念完了本科和研究生。在推孟的建议下，他把自己带有浓厚犹太色彩的名字改为了哈利·哈洛（下文都称哈洛）。

在大学里，内向的哈洛也不是很擅长和他人交往，于是他经常泡实验室和图书馆。可是歪打正着，在这里他经常遇到推孟教授的女儿克拉拉。克拉拉可不是一般人，她智商高达155，也喜欢泡在实验室和图书馆里。于是两人经常见面，然后一起喝杯咖啡，聊聊人生。最后，爱情的小火花迅速燎原。

从小智力超群的克拉拉基本傲视群"雄"，不但成绩上把所有的男性都比得无地自容，而且把男人的心理看得和水一样清，因此也吓退了大部分的追求者。只有和她智商差不多的哈洛才能和她的思想在一个水平面上。

因此，当哈洛和克拉拉结婚的时候，推孟教授还特地写了封带有学术色彩的贺信，他说："我很高兴看见克拉拉卓越的遗传物质和哈利作为一个心理学家的生产率的结合。"这听起来不像是恭贺一段婚事，倒像是在描述两个优良品种动物的成功交配。得意之情，全都从这句话里体现了出来。

    1930年，哈洛在威斯康星麦迪逊大学找到一份工作。一开始，他想继承他导师兼岳父的专业——研究恒河猴的智商，但当他抱着小猴子玩的时候，他发现了一个问题。

    哈洛将刚出生的小猴子和猴妈妈及同类隔离开，结果他发现小猴子对盖在笼子地板上的绒布产生了极大的依恋：它们躺在上面，用自己的小爪子紧紧地抓着绒布，如果把绒布拿走的话，它们就会尖叫、发脾气，甚至在笼子里滚来滚去。可当他把正在吸的奶瓶从小猴子的嘴边拿走的时候，猴宝宝只是吧唧吧唧嘴，或者用爪子擦去它们毛茸茸的下巴上滴落的奶水，然后静静地用无辜眼神看着你。

    奶瓶似乎没有绒布重要。

    小猴子的表现，像极了小孩子对毛绒玩具的喜爱。于是，他立刻想到了他研究的兴趣点。

    这个，就是他从小渴望得到的东西——母爱。

    关于母爱，当时的主流理论认为：我们爱我们的母亲是因为我们爱她们的奶水。赫尔等甚至认为，饥饿是我们首先需要减降的需求，其次是渴和性。爱，好像排名很靠后。当时，哈洛就依据自己的童年回忆而怀疑这个理论：我小的时候似乎不太在意父母的面包，我更渴望他们的拥抱。于是，他决定证明这种观点是错误的。

而，想要懂得爱，你必须首先毁灭它。

他要毁灭小猴子的母爱。由此，哈洛备受赞誉但充满残忍的职业生涯开始了。他因此还获得了一个"猴人"的外号。

发现一：母爱是温暖

哈洛先将刚出生的小猴子和母亲分离，小猴子就从小没有了"母乳"和母爱。哈洛要代替母亲给它们提供这两样东西。但是，他要最少剥夺其中一样。

第一种，提供母乳但不提供爱：哈洛用铁丝做了假猴子，它胸前有一个可以24小时提供奶水的装置，这样它就发挥着提供母乳的作用。

第二种，提供爱不提供母乳：哈洛又做了一个类似的假猴子，但是用绒布把铁丝包起来。于是，这只猴子摸起来是软的、温暖的，就像母亲的怀抱。但是，这只假猴子没有奶水装置。

当哈洛把一群出生不久的恒河猴和他制作的两个假猴子关在笼子里后，他很快发现，小猴子们全部成了绒布猴妈妈的小宝宝。它们紧紧地抱着绒布妈妈，不断地咬它、摸它。而只有在小猴子饥饿的时候，才到铁丝猴子那里喝几口奶水，然后又跑回来紧紧抱住绒布"妈妈"。

这表明，我们的需求远不止饥饿，一个软软的拥抱甚至更有吸引力。对孩子来说，母亲温暖的怀抱是小孩子依赖她的主要原因，而不是她的奶水。

发现二：母爱不止拥抱

但这群由假母亲带大的猴子出了精神问题。

他发现在由布料做的假猴子陪伴下长大的小猴子不能和其他猴子一起玩耍，不能交配，它们的性格极其孤僻，有些甚至出现了自闭症的症状。这表明，一个完整的母爱可能不止温暖的拥抱这一点。

于是，哈洛对实验进行了改进，他制作了一个可以摇摆的用绒布包好的假猴子：它会定期地摇动，就像母亲抱着孩子轻轻摇动助眠时一样。结果发现，这样哺育大的猴子精神基本正常，它们每天都会有一个半小时的时间和真正的猴子在一起玩耍。

它说明：母爱至少需要三个方面的内容：触摸、运动和玩耍。哈洛的学生罗辛布林强调说："真是令人惊讶，我们的神经系统仅仅需要这三样就能保持正常。"

发现三：孩子能忍耐邪恶的母亲

你一定经常看过父母虐待孩子的新闻，他们的行为让人愤慨。面对这样的母亲，孩子也很少有怨言，甚至没有孩子想过离开，他们反而会更加依赖父母。你肯定疑惑：孩子能忍耐父母对他们多坏？

哈洛也做了这样的实验。他设计了几种特殊的假的坏猴子母亲：有的假母亲会向小猴子发射锋利的铁钉（虐待），这可能会使猴子受伤；有的假母亲会向小孩子吹出强力冷气，把猴宝宝吹得只能紧贴笼子的栏杆（伤害）；有的假母亲不停尖叫（呵斥）。这里的虐待、伤害、呵斥，恐怕是一个邪恶母亲的所有特质。

实验发现：无论是什么样的邪恶母亲，小猴子们都不会离它们而去，反而会更加紧紧地抱住它们。

可怜的孩子。

发现四：同伴的陪伴和互动有心理治疗功效

哈罗的研究中最令人意外的发现，是他观察到具有治疗能力的猴子。

猴子医生：哈洛培育了几只小母猴。这些母猴在孤立的笼子里生活，但是也有机会每天和其他猴子互动，并得以正常成长。它们是尝过苦但挺过来的猴子。

当这些猴子三个月大的时候，让它们和那些在孤独环境下长大的病猴接触。神奇的是，它们会执着地跟那些病猴互动，抚摸它们，带它们玩。奇迹发生了，经过几个月的不离不弃，那些病猴居然"从阴影中走出来"，恢复社会功能。而这些猴子的行为显然就是猴界的"心理医生"。

同病才更相怜。猴子也是如此。

哈洛的发现对当代的育儿理论产生了极大的影响。

许多孤儿院、社会服务机构、爱婴产业都或多或少地依据哈洛的发现调整了自己的关键政策。比如，医生现在知道将新生婴儿直接放在母亲的肚子上；孤儿院的工作人员知道仅仅向婴儿提供奶瓶是不够的，还必须抱着他们来回摇动，并且要对其微笑。

当然，哈洛的"虐猴"研究也引起了极大的争议。1958年，当上美国心理学会主席的哈洛发表了一篇名为《爱的本质》（*The Nature of Love*）的致辞。他意味深长地说："不管历史如何走向，可以欣慰的是：我们已经窥见到了爱的本质。"

米歇尔——相信有未来，才愿意等待

本章要讲的心理学家沃尔特·米歇尔（Walter Mischel），是所有这个系列里，我唯一有正面接触的人。2012年他受邀到耶鲁大学心理系组织的自我控制年会做报告，而我是听众之一。会议间隙我跟他闲聊了几句，并收获了他一个大大的拥抱。

当我正在写这个系列的时候，米歇尔先生去世了（2018）。很遗憾的是，这样一位重量级心理学家的去世，似乎未能在国内引起较大的反响，包括在学术圈。所以，我希望重新介绍一下他的理论，让人们重新认识这位心理学家和他的研究。

中国有"三岁看大，七岁看老"的传统说法，认为从人小时候的表现可以预测其一生的发展。弗洛伊德甚至认为童年影响一生，童年的心灵创伤是精神疾病的根源。但是，这些结论更多建立在经验的积累或者现象的观察之上，缺乏一个科学的证据来证明这些观点。

问题就是：儿童的表现是否真的影响人一生的发展？如果能，它通过哪种形式影响人一生的发展？

米歇尔教授主持的棉花糖实验，给了我们一个童年如何影响一生的内在逻辑，让我们清晰地看到童年的教育为什么特别重要。

米歇尔生于奥地利维也纳，据说离弗洛伊德的家很近。弗洛伊德的影响覆盖整个欧洲的学术界，米歇尔从小就受到弗洛伊德的影响，甚至迷恋弗洛伊德的理论。不过在他八岁那年，为躲避纳粹迫害，他们举家迁居美国纽约。

他在纽约大学取得本科和硕士学位，又到俄亥俄州立大学跟随乔治·凯利（Geroge Kelly）和朱利安·罗特（Julian Rotter）取得临床心理学博士学位。他曾执教科罗拉多大学、哈佛大学、斯坦福大学，并于1983年回到纽约，任教哥伦比亚大学。1991年成为美国艺术与科学院院士，2004年当选美国科学院院士；2007年担任美国心理学会主席。

他用了毕生精力研究自控力，将一项棉花糖实验追踪了半个世纪，并通过这项实验，告诉我们怎么去抵挡这些诱惑，然后让自己能够有一个持续幸福的人生。

他研究的思路来源于他的两次经历。

经历一：

米歇尔在俄亥俄州立大学读研究生的时候，有一年去特立尼达岛南端的一个小村子里做研究。他发现一个奇特的现象：村里有条小路，一边住着有非洲血统的人，一边住着有东印度血统的人，他们都是以奴隶或者奴仆的身份来到这里的。但是，有非洲血统这边社会混乱不堪，犯罪率高，人们经济地位普遍低下；而一路之隔的有东印度血统的人，社会治安良好，人们财富地位高。

都是当奴隶过来的，为什么一条小路就区分了两个社会？米歇尔想探究这背后的原因是什么。通过观察，他发现有非洲血统的人具有享乐天赋和性格冲动的特点，他们渴望享受生活并且活在当下，却从来不计划或者为未来做长远打算；而有东印度血统的人，他们工作勤奋、喜欢为未来存钱，他们愿意也善于为未来考虑。

米歇尔是来做导师的信任实验的，他做完之后要给孩子一点奖励，于是米歇尔让他们自己选择：马上得到小的奖励物（一块小块巧克力）和等一个星期后得到大的奖励物（一块更大的巧克力）。结果发现，那些选择马上得到小奖励物的孩子会更经常地陷入麻烦之中，用当时的话来说就是这些孩子是"幼稚的流氓"。他们表现出缺乏社会责任感的行为，并且被社会管理部门及警察"教育"。

他进一步深入发现，那些选择立刻满足的非裔孩子里，许多家庭都缺少父亲。因此，这些孩子对一个陌生人（米歇尔）是否真的会在以后的某个时间出现，并且带着之前承诺给他们的奖励物这件事抱有更少的信心。他们没有理由放弃"现在可以立即得到的"奖励，除非他们相信"过后"的奖励物一定会出现。但是，当米歇尔仅仅比较这两个族群中"有父亲"的家庭的孩子时，这种族群之间的差异就消失了。

让那些有非洲血统的孩子做出短期选择的原因是：既然没有未来，我为什么还要等待？因此，他们此时的选择是理性而合理的。

经历二：

当米歇尔在哈佛大学任教的时候，"垮掉的一代"的反主流文化风气也冲击到了哈佛大学。社会学系的某位职员甚至试图创造新的迷幻剂来改变人的精神体验，他鼓动了大批学生参加。情况经常是，米歇尔实验室的房间昨天还是几个研究生的桌子，第二天就突然被替换成了床垫，从一家瑞典化学公司寄来的大包裹也陆续到达系里，在LSD迷幻药物的帮助下，"激发热情、内向探索、脱离体制"的时代开始了。

米歇尔感觉到世界上的大部分人似乎都在渐渐失去自控这种能力。于是，他想，持续进行这项研究就显得尤为紧要。

于是，米歇尔设计了他著名的棉花糖实验，并于1960年在斯坦福大学心理学系开设的宾恩幼儿园中对600多名4—6岁的儿童进行了测试。

实验操作极其简单，具体如下：

参加实验的孩子来到儿童心理学实验室。研究者会给他们一个选择：桌上有一个奖品（可以是棉花糖、饼干或椒盐脆饼），他们可以选择立即吃；或者选择等待一会儿，研究者说要出去一会儿，如果回来他还在等待，他们就会得到双倍的奖励。

然后实验者就偷偷通过摄像机记录孩子的表现。

研究发现，不同的孩子表现出不同的自控水平，有些孩子延迟时间很长，有些孩子延迟时间很短，平均的延迟时间大概是十五到二十分钟。并且孩子在等待的过程中表现出不同的策略，有些孩子采取不看策略，有些孩子采取分心策略，有些孩子选择想象更多奖励的策略等。

如果实验到此为止，似乎稀松平常。问题是接下来的追踪结论。二十年之后，米歇尔教授再对当时参加测试的部分孩子进行了追踪研究，他惊奇地发现，小孩的延迟时间与未来的学业成功有很大的相关性。于是，这一研究结论迅速吸引了公众的关注，很多人得出结论：孩子的自控能力决定了他未来的成就。其实他的实验只是说明了人类婴儿早期形成的延迟满足和自控的习惯与后来的成功有重要的相关关系，但不一定是决定性的因果关系。

但我们不得不说，这一实验很好地模拟了我们日常生活中的很多选择：比如，是轻松混完高中就去打工立刻挣钱，还是吃苦考上大学几年后再找收入可能更高的工作？不同的是，未来的工作不像实验里的双倍奖励一样是确定的，它具有很多不确定性。

生活中此类选择比比皆是。

米歇尔说：延迟满足和抵御诱惑的能力已经成为人类文明发展历程中的一个根本性挑战。他的实验给我们一些启发：首先，毋庸置疑，延迟满足对人一生中的幸福和精神充实、身体健康等方面具有长期而深远的影响。其次，延迟满足是一项可以培养的认知技能，它对于如何抚养和教育孩子具有极大的帮助。再次，自控力能够发挥多大作用不仅仅取决于技能，更取决于内化的目标、指导人生旅程的价值观和战胜沿途挫折的强大能力。

一个人的发展其实充满了无限的可能性，所以一个人的未来成就很难只是根据一个儿童时期的心理测验的成绩来预测的。米歇尔教授的贡献是让我们意识到自控力可能在人的未来成就方面有我们以前没有意识到的影响。

有些通俗读物直接将棉花糖实验结论简化为：培养孩子成功的秘诀就是延迟满足的培养，并且，以此为据开设收费性质的延迟满足培训课程。这就简化和歪曲了他研究的意义。

其实，影响延迟满足的因素很多。比如，生活在稳定有安全感的环境中的孩子更容易有自制力，当然也经常被欺骗；而需求经常得不到满足的孩子就很难控制自己的欲望、冲动和本能，也更愿意去享受当下。越是吃不到糖的孩子，越难控制自己的欲望和冲动，这也和很多自认为是贫穷之人的人的社会贪婪心理有很大的联系。

从童年开始，就有太多的人生活在一个不可信、靠不住的世界里，而在这个世界里，延迟满足中的更大奖励物的承诺常常得不到实现，这样的经历会让等待显得没有任何意义，倒不如抓住手里现有的东西，无论它是大是小。当儿童有过一次承诺者失信于他们的经历，他们便不愿意等待两颗糖，而倾向于现在就拿到一颗棉花糖的做法也就不那么令人意外了。

当人们不再期待迟来的奖励会兑现时，他们的行为就会变得更加理性，并且不会选择等待。因此，延迟满足的实验不是让我们去训练孩子如何控制自己的欲望，而是要给他们创造一个可以预期的未来。

因为："相信有未来，才愿意等待。"

4

心理学的应用与误用

大脑形态——爱因斯坦脑，差异难寻找

作为二十世纪最伟大的科学家，爱因斯坦毫无疑问是科学界的"战斗机"。于是，很多人就想：为什么爱因斯坦可以取得这么显著的成绩，是不是他的脑袋形状跟我们的不一样？或者大脑的成分跟我们的不一样？

1955年4月18日凌晨，七十六岁的爱因斯坦在美国普林斯顿大学医院去世。按照爱因斯坦的遗嘱，应该火化遗体并将骨灰撒在秘密地点。但当时的医生哈维没有遵循这一遗嘱，他在普林斯顿大学医学中心的实验室将爱因斯坦的大脑取出，以备将来的研究之用。

这事让爱因斯坦的儿子汉斯非常生气。但哈维凭借三寸不烂之舌说服了汉斯，其中就包括说：只会在科学界对爱因斯坦的大脑进行研

究，绝不用于商业用途；还有他相信爱因斯坦会愿意献出自己的遗体供医学研究等。汉斯被说得一愣一愣的，就答应了。

哈维将爱因斯坦的大脑称了称重量：1230克（低于平均值1360g）。然后他拿起大刀，将大脑切成240块，每片在大脑中的位置都有详细记录并贴上标签；他还做了12套共200张包含组织样本索引的幻灯片。

然而，在大家都等着哈维公布对爱因斯坦大脑研究的报告时，他却没消息了。这一沉默就是二十多年。于是科学界"炸锅"了。

哈维也是心里苦，这二十多年他真没闲着，他天天都回家拿个尺子量爱因斯坦的大脑，但无论他怎么量怎么比，就是没发现爱因斯坦的大脑和别人的有什么不一样。他本想告诉大家这一发现，但是又怕大伙笑他水平太低，主要是这一结果不符合大家对爱因斯坦大脑研究的期待。迫于外界各种压力，他顺应"民意"，把爱因斯坦的大脑贡献给科研机构，让大家去鼓捣吧。他终于松了一口气。

不久，结果就出来了。

戴梦得于1985年在《实验神经病学》（*Experimental Neurology*）上发表了他的研究发现：爱因斯坦的大脑所含的神经胶质细胞，比那些智商一般的人要多很多。

理解这个发现之前，我们先了解下大脑神经细胞的构成。大脑有两种主要的细胞：神经细胞和神经胶质细胞。它们就像战场上的两种人：前线战斗的士兵和后勤保障人员。神经细胞就像前线战斗的士兵，它们负责处理和加工信息；而神经胶质细胞就像后勤保障，负责给神经细胞提供给养和保护。

古人云：兵马未动，粮草先行。优秀的后勤保障是打胜仗的前提条件；相反，"劫粮草"往往也是很多战场高手的常用计策。爱因斯坦大脑里面，神经胶质细胞的数量多（比如，别人一个神经细胞有十个胶质细胞支持；他的一个神经细胞有十五个胶质细胞支持），也就预示着他的神经细胞有更多的后勤保障，那么他的战斗力当然就会强。并且科学界也发现，神经胶质细胞的数量增加被认为可能预示着更高的智商。

正当大家开始欢呼时，纽约佩斯大学的特伦斯·贺因斯博士却给该结论泼了一大盆冷水。他指出，爱因斯坦大脑神经胶质细胞多，不是它们本来就多，而是因为神经细胞死亡了一些，于是显得神经胶质细胞多。同样是战场的例子，本来一个前线士兵有两个保障人员，但是一场战争之后，前线士兵战死一半，于是，现在看上去一个士兵就有四个保障人员了。

对爱因斯坦来说，这个战争是什么？那就是老化。

人大脑里神经细胞是不可以再生的。也就是自出生之后，我们大脑里的"士兵们"是用坏一个少一个的状态。不过你不用紧张，我们的神经细胞是很耐用的，一般用不坏。但是，衰退在老年阶段表现得非常明显：我们上了年纪之后，会变成"老糊涂""老小孩"等，这都是因为神经细胞减少的缘故。爱因斯坦去世的时候七十六岁，他脑子里的神经细胞已经进入衰退阶段，他的"士兵们"已经阵亡了很多，当然后勤保障看着好像更多一些。

咣。人们以为的惊世发现，被狠狠地摔在地上。

学术圈又沉寂了，这次是十四年。

1999年，加拿大学者桑德拉·维特森在《柳叶刀》（*The Lancet*）上发表研究成果称：爱因斯坦大脑左右半球的顶叶下区域比普通人宽出15%，厚度上也比常人厚。

解释这个发现，我们得说明一下大脑的分工。

摸摸你的额头，这块区域下面的大脑叫额叶，它负责人的高级思维功能，比如推理、道德感、决策、自我控制等。摸摸你的耳朵上边，这块区域里面的大脑叫颞叶，它负责听觉、长时记忆等。摸摸你的后脑勺，这区域下面的大脑叫枕叶，这里主要负责视觉，眼睛看到的东西会跑到这里来处理。

最后，摸摸脑袋上头发旋的位置，下面是顶叶。顶叶附近的大脑区域负责人的数学思维、运动想象力以及对空间的认知。据此推理，这很有可能是爱因斯坦具有异于常人的逻辑思维和空间认知能力的主要原因。

于是，科学界又是一顿骚动，认为终于发现了大脑的秘密。

结果，这一结论很快又被打回原形。原因是这样的：大脑也和我们的肌肉一样，遵循用进废退的规律。如果你经常去健身房锻炼某块肌肉，它就会变粗；同样，如果你经常用到大脑的某个区域，那里的神经细胞也会变大或者发出很多的枝丫，使得这块变大。

爱因斯坦是干什么的？理论屋里（物理），就是天天坐在屋里想象和计算宇宙的运作规律的。嗯，他天天在锻炼他的大脑顶叶区域的这几块"肌肉"，它们不大一点才怪呢。所以说，爱因斯坦大脑顶叶下部大一些，是他经常用的结果。而不能反过来理解，因为他这块区域大，所以他的这些能力发达。

当然，人们不会放弃探寻。

2014年，华东师范大学的门伟伟和人类学家迪恩·福克斯在学术期刊《脑》（Brain）上发表了研究结果，他们分析了一组从前未发表过的爱因斯坦整个大脑的照片，发现爱因斯坦大脑胼胝体要比常人的厚。胼胝体神经纤维负责连接左右大脑，同时连接着大脑的重要区域，如负责复杂思维与决策的前额叶皮质，因此爱因斯坦的大脑半球间的合作，显然比常人要活跃许多。

这次，学术圈没有一点反应，甚至没有人欢呼。

因为，这一发现立刻遭到了人们的质疑。我们前面讲斯佩里进行左右脑研究的时候提到胼胝体是连接左右脑的组织。胼胝体有一特征，就是它的某个区域负责连接左右脑的某些脑区是特定的。因此，如果发现胼胝体的某个区域异常，就可以推测左右脑某些脑区的联系异常。

在这一研究中，爱因斯坦某些部分的胼胝体比普通人厚是否意味着他左右脑某些区域的交互比别人强？答案是：不知道。首先，爱因斯坦的大脑是他去世之后切片而保存起来的，接近六十年了，是不是变形了，很难说。另外，即便这些都不是问题，我们也可能解释是因为经常用左右脑而造成的胼胝体形态改变，而不是胼胝体形态改变造成爱因斯坦的成就。

尽管很多人尝试去探索爱因斯坦大脑与普通人的差异，进而探寻爱因斯坦取得惊人科学成就的秘密。但是，目前的结果证明爱因斯坦的大脑和常人并没有根本性的差异。其实，仔细想想，研究爱因斯坦大脑的科学家们都陷入了怪圈——非要找出不一样来证明自己的结论。医生哈维，就是第一个受害者。

对我们平常人来说，这事给我们的启发就是：不要将自己脑袋的大小、形状等外形特征与某些能力建立联系。对一个个体来说，重要的是在这个脑子里流淌着的思想，至于它长得大或小，长成什么形状都不重要。

智力测验——到底该测啥，滥用很可怕

人们早就注意到人与人之间的不同，特别是在聪明程度（智力）上。古人云："人有三六九等，木分花梨紫檀。"孔子也说过："中人以上，可以语上也；中人以下，不可以语上也。"这里的上中下人，就是资质水平的差异。

虽然古人说了人是有分别的，却从来没有想办法去测量它。一个人到底怎么样，更多是凭个人经验进行判断。

但有些人不想这么糊糊涂涂地对人进行划分，毕竟这是个挺严肃的事。他们老是想寻找一些方法来测量一下人的聪明程度。他们探索的过程便是智力测验发展的过程。

偏见的布洛卡：脑容量测量法

十九世纪中期，法国医生布洛卡（就是提出布洛卡区的那个）通过分析他所收集的292个男性大脑，140个女性大脑，还有原始人的颅骨（可以通过颅骨容量推测脑重量），提出了第一个测量聪明程度的指标：脑容量的大小。

他说：大脑袋聪明，小脑袋笨。

布洛卡还推理：男性比女性聪明（男人脑重平均1325克；女人脑重平均1144克），还说女性是人进化的最低等形态，说她们的脑和大猩猩更相似，和男性的不像。

这样赤裸裸的性别歧视连当时的男性都看不下去了，纷纷出来指出其研究的不足。

布洛卡去世后，他把自己的大脑也作为收藏品留存了下来，收藏在他的博物馆里。他希望未来人能够继续他的研究。只是，很遗憾，后人再也没有研究过他的这个藏品。

天才高尔顿：遗传与统计

高尔顿，作为达尔文的表弟，出身富裕家庭，从小衣食无忧。

高尔顿从小就表现出天才的特征：两岁半学会阅读；四岁开始写作；五岁能阅读几乎所有英文书籍。

这种有钱又有闲的人，是最适合搞学术研究的。同样比如达尔文。如果再加上绝顶聪明，充满好奇，愿意冒险，那么人生就无往而不利了。达尔文小时候就是在这种阴影下长大的，因为他父母没事就说：你看你表弟高尔顿。

高尔顿在满世界探险的过程中发现，各地的人差别好像都挺大的，有些人你跟他说一件事他很快就懂，有些人却半天都弄不明白。

他通过查阅各家的家谱，发现了一个惊天的秘密：聪明是遗传的。

他的研究是这么做的：他选了977个成就卓越的人，发现他们的亲属里有800多个都有相当卓越的成就；而他所查的普通人里，每4000人里才有一个人达到卓越水平。也就是说有成就的人都扎堆在某些家庭，而这些家庭成员是有血缘关系的。

高尔顿很容易得出结论：人的智力是遗传的。由此，他创立了优生学。然后四处宣传他的鸡汤：要想生个聪明宝宝，先找个聪明老公或老婆。

高尔顿还将中数（一系列数字从大到小排列，中间的那个数）、相关系数、回归分析、百分位数、离中趋势等统计学术语引入对人的测量里。

"图书馆心理学家"比奈：比奈—西蒙智力量表

比奈虽然没有高尔顿那么幸运，但他也继承了一定的财富，使他衣食无忧，可以全身心做研究。

比奈生于医学世家，父母从小离异。因此，比奈从小就十分内向。不过他继承的财富让他不用担心生活问题。因为内向，他甚至都不想上学，就躲在图书馆里自学了当时高尔顿、达尔文等人的著作，成了一个"图书馆心理学家"，也就是在图书馆里培养出的心理学家。

比奈对人的差异感兴趣是从观察他的两个女儿开始的：大女儿精力集中，常常沉默不语；二女儿冲动活泼，充满欢乐。比奈想：奇怪。都是我的女儿，差距怎么那么大呢？

当时正值法国推行小学义务教育，但初中教育阶段资源有限，就产生了新问题：怎么选拔学生参加更高等级的教育？

比奈受邀成为研究这一问题的机构的一员。西奥多·西蒙毛遂自荐成为他的助手，两个人就开始设计了一系列的测验，包括联想、命题作文、重复数字等。通过测量人们这些方面的能力进而估计儿童的智力水平。这一测量工具，日后就成了比奈—西蒙智力量表。

尽管他们提出最初的智力测验。但是，西蒙一直反对"智商"这一概念。称"智商"是对"量表初衷的背叛"。

滥用智力量表的戈达德：低能是遗传的

戈达德是第一个把比奈—西蒙量表引入美国的人。他的思想深受高尔顿优生学和孟德尔遗传学思想的影响，并且，他把这一思想进一步细化和推广了。

他的研究是从一个姓卡里卡克的小女孩开始的。戈达德当时在收容所工作，一天，他收容了一个14岁的小女孩，他用比奈—西蒙量表一测，发现她智力只有九岁水平，属于轻度低能群体。于是，他顺藤摸瓜，了解了这个卡里卡克家族，结果却发现了是个十分有意思的研究样本。

卡里卡克家族的祖上（暂且称为老卡里卡克）是一位出身优良家族的士兵，其妻子出身也很高贵。妻子生了7个孩子，然后孩子再生孩子，经过多代之后，一共有496个后裔（在戈达德调查的时候）。

但老卡里卡克也曾经在酒吧和一侍女发生了关系。侍女产下男孩，然后继续繁衍。等戈达德调查的时候，一共有480个后裔。

结果，妻子的这一族系，496人中只有2个酒鬼，3个智力略低的人，其余的为正常人。

但是，侍女这一族系，在480人中，只有46个正常人，有143个明显低能者、24个酒鬼、3个癫痫病人、33个性不道德者，很多人身兼多种恶习。

这一结果发表之后，在社会上立刻引起轰动。他说"不良品种"家族的繁衍速度是"正常家庭"的两倍，这样下去，这个社会很快就被"不良品种"占领了。

受这个研究的启发，美国优生优育学会建议："有缺陷的种类应该通过绝育从人类种族中清除。"这可都是严肃的科学家提出的，也获得了当时大量主流科学家的支持。

1907年，印第安纳州推出"绝育法"，从法律层面对他们认为的"弱智"和"精神有缺陷"的人实施绝育。之后，很快美国三十多个州都推行了类似法律。

德国希特勒政府1933年通过"绝育法"，对特殊群体实施灭绝（不仅仅是绝育），这种反人类的举措甚至受到大量学者的交口称赞，真是不可理喻。

天才研究天才的推孟：美国第一种成功的智力测验与天才的成长

又一个天才出场了。他就是刘易斯·推孟。

推孟是在农场长大的孩子。家里一共14个孩子，他排行十一。因此爸妈根本没时间管他，对他的聪明特征也根本没注意。孩子多了，只要活着不惹事，其他根本没时间管。

推孟六岁的时候入学读一年级，结果刚去两个月老师就来找家长。推孟以为自己犯了错，躲在角落里不敢出来。老师说你家孩子太聪明了，为了不挫败其他家孩子的自尊心，让他去读二年级吧。

可去了二年级没几个月，老师又来了。老师说：还是让你家孩子读三年级吧。

到了三年级，推孟上课还是根本不用仔细听，考试照样门门考第一。同班同学都以争第二为荣，因为第一肯定是推孟的。

推孟后来就职斯坦福大学，将比奈—西蒙量表的优缺点进行详细研究，进行了大量的修订，并通过大样本测量进行检验，最终推出斯坦福—比奈量表。它成为深受认可和欢迎的智力测量量表。

同时，推孟还从1921年开始，对数千名高智商儿童进行了追踪。经过几代科学家的努力，整个追踪持续了八十多年，结论很简单：

（1）天才儿童并不像很多人所迷信的那样体弱多病。事实上他们更健康，活得更长，成就巨大。

（2）天才儿童的智力优势会保持一生，且稳定。

（3）在智力表现水平相差不大的条件下，人格差异起着重要的影响。

由此，推孟坚信个体智力中有很大成分是属于先天的，而且是极其稳定的。

受争议的伯特：双生子研究

西里尔·伯特，英国心理学家。他深受高尔顿思想的影响，尝试通过研究双生子的方法来探究遗传在个人发展中的作用。

同卵双生子是一个受精卵分裂成的两个胚胎，因此他们的遗传特征和表型特征具有极高的相似性。探究他们之间智力的一致性可以有效推测环境和遗传在人发展中的作用。

但是，你可能立刻意识到了，同卵双生子他们生活的环境也是一致的。即便研究发现他俩很相似，也不能区分是遗传的原因还是家庭环境的原因。

这是个好问题，研究者也早就想到了。

伯特一共研究了93对分开抚养的同卵双生子。因为欧洲国家之间的战争不断，人口大量迁徙，很多同卵双生子很小就被分开抚养，甚至很多都不知道他们还有一个兄弟或姐妹。

如果比较他们之间的一致性，就可以比较遗传和环境在智力发展过程中所占的比重。

伯特等人的结果让人很吃惊：分开抚养的双生子，他们智商的相似性是0.771，超过在一起抚养的异卵双生子的相似性。

但是，0.771的相关系数和伯特后来发表的另外一个53人的研究结果完全一致。这引起了心理学界的广泛质疑，因为不可能这么巧呀。所以很多人认为这其中存在欺骗行为。

尽管伯特的研究广受争议，但其研究思路的确启发了很多后来的研究。

开拓成人智力测量的韦克斯勒：成人智力量表

当前应用最广泛的智力测量量表是韦克斯勒开发的。

韦克斯勒1896年生于罗马尼亚，后移居美国。韦克斯勒在研究及应用中发现斯坦福－比纳智力测验（也就是推孟制作的量表）存在致命缺陷。

（1）虽然适合于儿童，但不足以预测成人能力；特别是不能区分军人素质的优劣（当时军方非常重视军人的素质，就委托他们研究相关问题）。

（2）这一测验中存在大量的语言描述，对识字少、教育年限低的人不公平。

鉴于此，他决定开发成人用的量表。

为避免以上缺陷，他在量表里大量采用操作项目（图片排列、图画补缺、积木图案、物体拼配、数字符号）。这些操作项目的特点是：不需要文字说明。因此它们对各个教育水平的人都适用；同时，因为很少文字说明，各个文化里的人也都适用，这就避免了文化的偏差，使得各国人之间的结果具有可比较性。

韦克斯勒智力量表是当前应用最广泛的量表。

和稀泥的智力特质理论：我们不测量智力，我们是智力的分类工

传统的智力测验，走的是：测量学—相关取向的测量方式（也就是测查一个人的智力，然后计算相关关系），但是，受认知革命的影响，最近的智力测验更多将智力作为一种特质，走向认知—实验取向，也就是：研究智力是由哪些内容构成的。

代表人物主要是斯滕伯格和加德纳。

斯滕伯格是认知—成分取向的构建者。

斯滕伯格用认知心理学的方法对智力进行研究。他提出了智力的三元结构理论：背景因素（先天所得）、经验因素（后天学习获得）和成分因素（认知）。

也就是说，智力是"先天+后天+认知"相互作用的结果。

加德纳主要是多元智能理论。

加德纳认为智力包含九个结构（语言、音乐、逻辑、空间、身体、自然观察、人际交往、自我反省、存在）。然后依据这九个指标，他将人分为三种：自由型、依赖型和个体型。

总之，这一流派的特点就是，我不测量智力分数的高低，我只是说你是哪种类型的，然后再说你擅长什么，并且，各种类型之间没有高低贵贱，说得文雅点就是各有优势。

这好比老师本来想给班级的人按照成绩排名次，你说别急，你应该把人分成九组：体育组、美术组、音乐组、学习组、推理组……然后你说各组都有优势。

现在，亲爱的老师，你再给我排个名试试。

精神疾病——关注发病因，助己助他人

你心理正常吗？

如果你脾气好，你会说：我当然正常啊。

如果你脾气不好，你可能说：一看你就有病呢。

一个严肃的科学家指指脑袋告诉你："很多人这儿都不正常。"

这不是危言耸听，因为超过半数的美国人曾报告自己经历过心智不正常的现象。

同时，心理学家认为，世界上没有绝对的正常人和绝对的心理疾病患者。正常人的心理中也会有反常的成分，患者的心理中也会有正常的成分，不同的是哪种成分占上风。同时，心理健康还是动态的，就如同一条河流，平时水流平缓，但大雨之后，河水暴涨，就可能会

冲毁堤坝。

不信我们测试一下。你是否有过短暂的以下表现：轻度抑郁，强迫，恐高，（烟酒、食物、手机、游戏）成瘾，注意障碍，自恋癖，等等。

什么是"正常"和"不正常"？

"不正常"的英语是"abnormal"。"Normal"是正常的意思，加前缀"ab-"就表示不正常，意思是有些偏离正常。但是国内很多人将"abnormal"翻译成"变态"，比如"Abnormal Psychology"翻译成"变态心理学"。由于"变态"这个词语在中文里带有很强的贬义味道，所以容易带来误解。

要给正常和非正常下一个定义，或者划一个分界线是一件非常困难的事情。

你肯定说，精神病医生一定可以吧？你太高看他们了。

我们先看一个例子：1973年，美国心理学家大卫·罗森汉策划了一场恶作剧。他让七位同事假装自己有幻听的症状（也就是莫名有人在自己耳朵边说话），然后让他们分别到精神病医院去就诊。结果他们全部被医生诊断为"精神分裂"，并强制入院接受治疗。

这下麻烦了。这七个人都被关进精神病院。当他们拼命向医生说："我们其实是某大学的老师，刚才是在恶作剧"时，医生微微一笑，更加坚信他的诊断了。

其实，在精神疾病上说自己有病易，证明自己没病难。即便你表现得很正常，他们也会用精神病的评价标准评价你。比如，你很严肃地告诉医生"我们是在恶作剧"，他们会感觉：你连这种故事都能编造，肯定是因为病得不轻。

说说这个恶作剧的最后，在警察的介入下，这七位同事才得以脱离精神病医院。

为什么精神疾病的诊断这么不靠谱？因为精神疾病的诊断非常依赖于患者的"自我报告"。你感冒发烧了，医生可以给你量体温，让你化验血，看是细菌还是病毒引起的，然后对症下药。但是，精神疾病的诊断没有这么"硬"的指标，它更多的是依靠患者自己的描述，然后医生根据描述来判断。

如果患者说谎，医生的诊断就会错得离谱。

如何判断一个人得了精神疾病呢？

患者说谎的后果虽然影响很坏，但它毕竟只是影响了心理医生的判断；而另外一种情况则影响更加广泛和具体：人们意识不到自己病了。

你或许会奇怪：一个人怎么会不知道自己生病了呢？是的，这种现象在传统身体疾病中是很少出现的，但在精神障碍的群体里则非常普遍。据美国精神医学会做过的一个调查，大约60%的精神分裂症患者和50%的躁郁症患者，都意识不到自己生病了。

这些人拒绝看医生，拒绝按时按量吃药，结果往往导致病情持续恶化。

你认为凭借讲道理或施加社会规范就可以改变一个人的行为，但真相往往是：不是任何人都可以说理的。

那么如何初步判断自己或他人得了精神疾病呢?

首先，出现怪异行为，且已经影响个体的正常生活。

每个人都可能会在某个时间经历迈不过去的坎，它会在一定程度上困扰我们，但它不一定是病，只有影响到个体的正常生活才算是。比如，你有洁癖，容不得家里有脏东西残留，但我们不能说这是"强迫症"，因为它虽然让我们在整洁卫生上花更多时间，但我们仍然能正常生活。

因此，真正的标准是"影响正常生活"。

但问题在于：患者认为这些"影响正常生活"的行为都是正常的。所以，他不能认识到自己的精神有问题了，只有旁观者才能更清晰地判断这一切。

其次，性格发生剧烈改变。

人的性格在一生中是相对固定的。即便可以发生轻微的改变，通常也是一个慢慢变化的过程。如果一个人的性格发生剧烈变化，往往是不正常的先兆。比如，原来是热情、善于交往的外向型性格的人，突然变得沉默寡言、对人疏远。对这种突然发生了显著性格改变的人应引起重视。

再次，原先的生活出现剧烈变化。

比如，因为某些莫名其妙的原因，这个人学业成绩或工作业绩一落千丈，甚至出现不能照顾自己、出现幼稚行为等情况，这些异常的变化也可能是精神疾病的征兆。

最后，情绪失常。

比如，某些微小的刺激就能引起强烈的情绪反应，甚至情绪的崩溃。或者整日喜气洋洋，过分热情（躁狂症）；或者长期情绪低落，郁郁寡欢（抑郁症）；或者听到不幸的事情反而哈哈大笑，得知兴奋的事却唉声叹气（情绪倒错）。

这些都是外人可以观测到的行为特征，但也仅仅是作为参考。一个人内心的体验，比如幻觉、妄想等都是外人难以体验的。这就需要我们个人也时时关注自己的内心特征。

当前大量的研究证明：精神病人不知道自己生病是因为脑部的某些功能受损引起的。比如，研究发现强迫症与患者基底神经节的异常有关，也就是说他们根本没有意识到，也不会意识到自己生病了。

怎样让精神疾病患者接受治疗？

一旦发现他人的行为异常，劝说他及时接受心理治疗是十分必要的。但说服一个人去接受精神疾病的治疗是非常困难的，很多人会抗拒治疗。

放弃使用"生病"的标签是非常重要的，因为这一标签通常会引起强烈的情绪抵触。其实，病人虽然认为自己没有生病，但是他能明显感受到自己正在经历困扰和痛苦。我们可以告诉他这些都是可以通过看医生进行调节的。将看医生作为改善生活和工作的手段，而不是目的。

首先，要学会倾听。

通过倾听，主动地了解他的看法和情绪状态，了解他的喜好，了解他担心什么，想要什么。在这一过程中，尽量不要去反驳和质疑，更不要去说教。无论他说的内容多么荒诞和不可思议。

倾听的时候尽量不要打断。如果在他出现思绪混乱的时候，或者你认为某些内容是重点的时候，可以通过简单重复他的话给他一些提示，以便让其继续诉说。

其次，学会移情，也就是将心比心。

移情，或者同理心，是心理咨询常用的术语，也是心理医生必备的技能。简单地说，就是换位思考。最简单的操作方法，就是对对方表达出来的想法表示理解。在具体情景中，当对方告诉你他的感受的时候，我们就要发挥同理心。

比如：一个深受幻听困扰的人，他告诉你他耳边经常有一个声音对他说："你是失败者。"你可以想象一下，如果是你遇到这种情况，你的感受是什么，那么你就可以描述这种感觉给他。

通常的回应模式是：你感到很××，是吗？

前半句"你感到很××"是对他的话的理解，后半句"是吗"是问他自己理解的对不对。

第三，赞同他的感受、努力和愿望。

赞同，就是你对他某些情况的支持。主要表现在以下几个方面：

赞同他的感受，告诉对方他的这些体验都是正常的。比如，一个人说自己睡不着觉，还经常有幻听的经历。你可以说："如果我睡眠和你一样不好，我会和你一样难受。"这里没有否定他的想法，而是告诉他这些想法是非常正常的。

赞同他的努力，支持他在对抗疾病中付出的努力，并且强化这种努力带来的好的结果。比如，你通过吃药让自己不再幻听，是非常棒的努力。

赞同他的愿望，支持他想恢复正常生活的想法和努力。这一过程可以让他感到被尊重，而不是被怜悯；同时，让他感到自己的未来还是有希望的。

第四，一起努力，共克难关。

如果你能做到理解和支持他，那么下面就要一起面对困难。首先，当然是通过看精神病医生来恢复正常的生活；其次，遇到问题的时候，可以帮他分析问题，帮他寻找答案。

但是，一定要注意，你只是帮助，真正的行为决定权还在他自己手里。

精神疾病是一种非常顽固的疾病，它的治疗过程往往比较漫长，通常还会不断反复。甚至，很多精神疾病的发病原因是神经发育障碍或脑功能异常，而这些障碍或脑损伤是无法修复的。因此，很多精神疾病通常是无法治愈的，甚至维持现有状态保持不恶化都是非常困难的事情。所以，一定要及时发现问题，尽早控制病情的扩散。另一方面，必须做好长期战斗的心理准备。

生活，有时间就是艰难的。对精神疾病患者和他的家属们更是如此。

心理咨询——咨询是技术，治疗需专业

心理咨询，似乎充满着神秘色彩。

如果你是从电视或文学作品中了解到心理咨询的，你可能认为：心理医生简单几句话就可以让一个寻死觅活的人平静下来，他们是一群具有神秘和魔幻力量的人。

如果你真正接触过心理来访者，你可能认为：心理医生是一群靠嘴皮子忽悠人掏钱，收费高，不开药，外行人看不懂的人。

其实，心理医生也是一个技术工种。他们通过学习相关知识，进行大量临床实践，然后通过犯错和总结经验来提高水平，最终熟练掌握这一技术。这听上去，和一个开挖掘机的差不多：学习挖掘机知识，练习开挖掘机，通过学习总结经验，最后顺利拿到毕业证，可以

上岗了。

下面我带大家看一看心理咨询和治疗的历史。

巫术时代：消灭肉体"疗法"

如果这也算是一种疗法的话，它的确有点粗暴。

陷入精神疾病的困境是令人沮丧和困惑的。对处在现代科学诞生之前的人来说，更是无法理解和难以解释的。以至于在很长时间内，患心理疾病的人被认为是邪恶的，是"女巫"，是被恶魔所控制的，他们患病也是其罪孽遭受惩罚的表现。

既然是恶魔附体，那么消灭其肉体就是最佳选项。最常用的方法是：绞死、淹死或者烧死。不过声明一下：这绞死、淹死或烧死，其实不是心理医生常用的技术。

启蒙时代：拉什的放血疗法

本杰明·拉什是美国精神病学之父，他的侧面头像被刻在美国精神病学会的印章上。他是放血疗法的大力倡导者：他认为血液的过度刺激和兴奋会导致身心疾病，而放血可以使身心平静下来。

对，放血就是来一刀，让血流走一些。

看着这么不靠谱的疗法，你可能认为拉什是一个大骗子，是个毫无担当之人。事实恰恰相反，他是个责任心极强的人：1793年，当黄热病袭击费城的时候，他是留在城内未走的三名医生之一。他认为作为一名医生，留下来帮助生病的人是他的天职，他自己也因此感染了疾病。不过，他用放血疗法把自己治好了。这些行为都展现了他非凡的勇气。拉什后来创建了费城精神病治疗机构，并大力推进对精神病的治疗。

上古遗风：催眠术

心理咨询的源头是古老的催眠术。十九世纪法国医生沙可把催眠术纳入心理治疗的范畴。他主张用催眠术和交谈的方法来治疗歇斯底里。

沙可在当时的法国医学界享有崇高的地位，他被当时的人认为是"世界上最伟大的神经病学家"，他的诊所被称作"精神病学的麦加"。各国的学生和医生慕名会聚到这里朝拜，以曾经听过沙可的讲座和观看过他关于催眠的演示为荣。

这其中，就包括弗洛伊德。

弗洛伊德看了沙可的演示后大开眼界，马上回国开拓了自己的咨询技术。

开国之君：弗洛伊德

受沙可的启发，弗洛伊德在自己职业生涯的早期，就开始运用催

眠的方式治疗精神疾病。他还会和患者进行长期的交流互动，这就是
心理咨询的雏形。

接下来介绍的疗法更多被现代心理咨询和治疗应用。为了方便说
明，我用强迫症的治疗作为例子，简单介绍各个方法的侧重。

中兴之主：罗杰斯

最终确立心理咨询规则的，就是人本主义心理学的大师：卡
尔·罗杰斯。

罗杰斯的贡献主要有两点。其一，他认为，在一段咨询关系中，
无论来访者是谁、做过什么，咨询师都应该从内心深处尊重、接纳和
包容来访者，认真对待来访者所说的每句话，从而帮助来访者解决问
题。这就是"来访者中心疗法"。

其二，他率先提出了"共情"这个常用的心理咨询技法。所谓共
情，也叫"同理心"，简单来说就是能够深入对方的心理去看问题。
在心理咨询中，一旦咨询师和来访者共情成功，二人之间就等于有了
一条可以互相沟通思想和感情的纽带。来访者的遭遇和困境可以源源
不断、清晰无误地传达给咨询师。然后咨询师再利用自己的专业知
识，逐步引导来访者走出困境。这无疑能起到事半功倍的效果。

罗杰斯通过他的努力重新定义了心理咨询这个行业，为心理咨询

制定了科学化的范式，也为未来心理咨询的发展和繁荣奠定了坚实的基础。

盛世图景：行为主义

二十世纪六十年代，行为主义学派盛极一时。在心理治疗上，行为主义也取代精神分析，成为心理治疗的主流方法。

这一学派的学者认为：我们所有的行为都是后天学习和积累来的。其背后的理论依据是巴甫洛夫的条件反射理论和华生的行为主义理论。巴甫洛夫通过实验让狗把食物和铃声联系起来，反复多次以后，只要有铃声，即使没有吃的，狗也会流口水。

既然行为是后天学习来的，当然也可以通过学习消除。

以强迫症为例。当出现强迫行为的时候，就立马施加一个不愉快的感受。久而久之，强迫行为就会和不愉快感受之间建立联系。这就是历史上饱受争议的厌恶疗法。

二十世纪七十年代，英国医院开始采用这种方法治疗强迫症，先在病人的手指上缠上电极，只要洗手的次数过多，一接触水，就会遭到电击。

尽管厌恶疗法在很多方面被证明是有效的。但这种疗法对强迫症是否有效呢？答案是：无效。

另类尝试：莫尼斯前额叶切除手术

随着神经科学和医学的发展，很多研究发现，如果把脾气暴躁的猴子的前额叶切除，它就会变得非常温驯。因为精神分裂症患者与暴躁的猴子在外在行为表现上具有很大的相似性，于是，很多科学家就推测，如果这一方法用在对精神疾病患者身上会不会是一个很好的途径？于是，安东尼·莫尼斯（Antonio Moniz）等将前额叶切除术用在精神分裂症的治疗上，他们果断地将一个精神分裂患者的前额叶切除了，结果发现，这个精神分裂症患者果然变得很温顺了。

这个手术立刻在学术界和临床精神病学界引起轰动：曾经那么难以捉摸的精神疾病，竟然也可以像外科手术那样进行手术治疗。于是，神经外科医生们每年对数以千计的患者实施了脑前额叶切除手术。

诺贝尔评奖委员会也被深深地感染了，他们立刻决定授予莫尼斯诺贝尔生理学或医学奖，以表彰他在这个领域的划时代的创新。于是，几乎在莫尼斯实施第一例手术后不久，1949年他就获得了诺贝尔奖。

但是，奖牌刚拿到手还没捂热乎，莫尼斯的研究就遭受了广泛的质疑。因为，随着时间的推移，这一前额叶切除手术可怕的副作用得以展现：许多病人失去方向感或行为能力，成为植物人甚至死亡。原因很简单，切除前额叶之后，人是变得温顺了，但这个人也废了。这种治疗方法已于1960年被彻底废弃。

诺贝尔评奖委员会的肠子都悔青了，他们屡次想要拿回奖牌和奖金，但是莫尼斯不肯。于是他们深刻反思自己的草率行为，决定以后获奖的理论都需要经过几十年检验之后，再颁给他们的提出者。

短暂之春：认知疗法

行为主义之后，伴随着认知科学的兴起，以认知科学为基础的心理疗法迎来短暂的春天。

认知学派的研究者很疑惑：每个人都在经历类似事件，但为什么有些人会得病，而有些人不会呢？就像流感来了，有些人受感染，有些人不会感染，原因在哪里？

比如强迫症，人人都会经历侵入性想法，为什么不是人人都得强迫症呢？研究者猜测，可能是人们对待这些侵入性想法的方式不对。

以强迫症为例，认知疗法研究者发现强迫症有三种典型思维方式。

第一种是放大危险和个人责任。比如，如果不做就会产生××风险。

第二种是完美主义和无法容忍不确定性。比如，对称要求，和所谓的"处女座"个性类似。

第三种是过度夸大思维的重要性，以为"自己想过的事"和"曾经做过的事"具有一样的意义。比如，自己有了某个坏想法就非常自责，仿佛自己做了坏事一样。

既然发现了问题的根源在于思维缺陷，那么我们可以通过劝说患者不要这么想来解决问题吗？

这种疗法听上去很有道理，其实很难实施。这就如同"听了无数大道理，还是过不好这一生"一样。

所以，认知疗法很快就被淘汰了。

风行当前：认知行为疗法

目前的心理咨询界，几乎一统江湖的是认知行为疗法——认知疗法的升级版。

二十世纪六十年代，贝克（A.T.Beck）发展出认知行为疗法。这一理论认为：人的情绪来自人对所遭遇的事情的信念、评价、解释或哲学观点，而非来自事情本身。也就是说：某件事让你很困扰，但是这件事不是引起你心理挫折的原因，真正的根源在你对这件事的评价。

因此，认知行为疗法通常以问题为中心，而过程中会以行动为导向。医生的作用是帮助病人找到问题所在，并练习有效的控制策略，以实现所确立的目标，并减少疾病的症状。与认知疗法相比，它将"行为"这一过程加入到认知改变的过程中。

同上面的例子。对待患有强迫症的个体，我们可以尝试认知行为疗法的暴露反应防止。就是让一个人暴露在让他焦虑的场景中。他通常的反应是执行强迫行为，但现在要阻止他做出这个反应。这一行为的目的是让他知道：即便自己不做出这个反应，也没啥大不了的。通过这一过程改变他对这类场景的认知。

当前打着各种幌子的"疗法"花样繁多，一定要谨慎选择。

如果某疗法声称自己是建立在封建迷信、神秘主义甚至魔幻主义的学说之上的，它一定是假的。即使他们说得再好，也请远离他们，越远越好。

你愿意拿自己的健康去让那些没有任何科学根据、主观色彩浓厚的"疗法"练手吗？

每当你犹豫的时候，请在心里默念：心理咨询是一个技术工种。

学习与记忆——学习靠放电，同步才有缘

　　手术室里，灯火通明。各种镊子、刀子、钳子、锯子轮番上阵，相互碰撞，似乎在欢快地歌唱着小曲。一群医生围着手术台，一片繁忙景象。

　　这可不是一般的手术，而是开颅手术，也就是把颅骨撬开，给脑做手术。做脑手术的时候，为了防止一切意外，一般都不能实施全身麻醉，都是让患者保持清醒以随时观察手术进展。于是，会在他脑上贴满了电极随时监测变化。

　　手术进展顺利。

　　突然，负责检测大脑的一个电极检测到强烈的信号波动，预示着大脑某个神经元剧烈放电。

这立刻造成一片混乱紧张，镊子、刀子、钳子、锯子的碰撞声变大。

医生们一顿忙乱。但经过各种细致周到的检测、排查，未发现任何问题，病人也是神志清醒。

手术继续……

可几分钟后又是同一电极检测到剧烈放电。

这次，医生们没有慌张，而是静下心来，仔细观察。他们终于发现了一个规律：每当病人看到墙上的詹妮弗·安妮斯顿的海报的时候，某个神经元就会剧烈放电。

医院院长大发雷霆：谁把安妮斯顿的海报贴到手术室里的！

过了一会儿，院长又喊：快去把其他人的海报也给我找来！

于是，他们迅速找来各种照片让病人看。

经过细致对比，他们发现：这个神经元只对詹妮弗·安妮斯顿的信息放电，包括照片和名字。于是，他们将其命名为"詹妮弗·安妮斯顿神经元"。

同时，他们还找到了一个"哈利·贝瑞神经元"。他们还顺便把这个发现发表在顶级期刊《自然》（Nature）上。

问题是：我们的记忆真的是以神经元为单位进行存储信息的吗？

学习和记忆一直是我们非常关心的问题。很多人想知道，外界的信息是如何保存在我们的大脑里，并且被我们记住的？在这个问题上，科学家进行过大量的研究，也取得了大量的进展。尽管，我们离真正揭示它的运作规律还有相当大的距离。

巴甫洛夫：虐狗却斩获诺贝尔生理学或医学奖

冰天雪地的俄罗斯，寒冷刺骨。如果你朝人泼一盆水，水在中途会受冷变成坚硬的冰块。

消化系统科学家巴甫洛夫正在研究狗的消化功能，包括胃液的分泌、胰腺的功能等。但一个现象严重干扰了他的研究进展。

巴甫洛夫设计了精巧的实验记录系统来研究狗的唾液分泌与调节（消化系统的一部分）。这样可以测查狗每次在看见饲养员端来的食物时分泌唾液的数量，进而推测其唾液分泌调节的规律。

但他发现事情出现了诡异的变化：每次实验员从很远的地方打开门进入实验室的时候，狗还没看见是谁，也看不见食物，也闻不到味道，就已经大量分泌唾液。

这一结果直接导致消化系统的研究进行不下去了。

巴甫洛夫干脆一不做二不休，他要探究这到底是怎么回事。结果这一探究不要紧，他竟然因为自己的发现获得了诺贝尔生理学或医学奖（1904）。

顺便说一下，巴甫洛夫打死都不承认自己是心理学家。

巴甫洛夫发现：这只狗经过多天的观察，总结出开门和狗粮之间存在神秘的联系，虽然它没弄明白这种联系是什么，但不妨碍它听到开门声就分泌唾液，准备美餐一顿。

动物原来有学习能力，并且还能够准确测量。

依照这一思路，巴甫洛夫进行了一系列实验，深刻揭示了动物行为的特征，将学习这一神秘的过程变得可以观察和测量。

远在美国的约翰·华生，将这一理论用到了人的研究和干预上，创建了行为主义。

卡哈尔（Cajal）：凭过硬的绘画技能斩获诺贝尔生理学或医学奖

美丽的西班牙，四季如春。这里最适合过跳着弗拉门戈，看着斗牛，喝着啤酒的小日子。但有一个倔老头没时间干这个，他把一只眼睛贴在显微镜上，一只眼睛盯着自己的手绘稿纸，嘴里流着口水。

流口水是因为他看到了一个美妙的世界：神经元的形态。

此人就是拉蒙·卡哈尔。他可不是一般人，他十一岁的时候就用自制的大炮把邻居家的大门给轰开了，原因是邻居不让他漂亮的女儿出来跟他玩。他还做过鞋匠、理发师、画家、体操运动员。他做这些风马牛不相及的职业原因很简单：哪样挣钱做哪样。

他后来成了一名医生，生活好了一点了，但他依然闲不住，就琢磨着做点研究。但他没钱做研究。于是，他就找了一个最不花钱的研究方向：细胞组织学——因为只需要一台显微镜就能开张了。

卡哈尔仔细研究了当时的酸银染色法，再加以改进，使之更可靠。然后，他就在显微镜下看呀看。

俗话说，艺多不压身。因为卡哈尔曾经做过画家，他立刻成了生理学圈子里画画画得最好的人。这使得他画出来的神经元结构栩栩如生，极富表现力。现在的教科书上，也都基本用卡哈尔当年画的图作来展示神经元形态。

他发现：我们的大脑层层叠叠堆砌着无数的细小神经元，它们不规整，有突起，有分叉。而我们的神经元之间就靠这些突起连在一起。它们相互联系，互相影响。

当我们要记住一个信息，就会点亮其中一些神经元，然后神经元之间相互影响，甚至会迎来神经元之间漫天烟花般的闪耀。

凭着过硬的绘画技能，1906年，他获得了诺贝尔生理学或医学奖。

赫布（Hebb）：单身派对定律

加拿大心理学家赫布看了巴甫洛夫的理论和卡哈尔画的神经元之后，心里就嘀咕：怎么把这两者联系在一起的呢？

他认为，二者是一体的。

比如巴甫洛夫的狗，它脑袋里有一个"开门"神经元，还有一个"口水"神经元，它俩本来不认识，也没联系过。但是，在巴甫洛夫那里，每次"开门"神经元兴奋的时候（听到开门声），"口水"神经元也常常伴随兴奋（吃东西）。于是，它俩就想：哇，咱俩是不是有缘分呀。

这就是著名的赫布定律："共同激活的神经元，形成共同的连接（Cells that fire together，wire together）"。

一个对记忆研究贡献极大的志愿者

1933年，亨利·莫莱森（Henry Molaison）小朋友走在放学回家的路上。天气真好呀。今天又得到了老师的表扬，莫莱森小朋友欢快地哼起了小曲。突然，一辆疾驰而过的自行车把他撞倒了，更可怕的是，这让他大脑受到剧烈震荡，并留下了癫痫的后遗症。

癫痫的持续发作严重影响了他的生活。在他二十七岁那年，癫痫已经严重到让他什么都做不了的程度，随时都有可能发作。于是，在医生的建议下，他接受了一次大脑手术。

医生威廉·斯科维尔（William Scoville）在他额头两侧钻了两个小洞，用一根金属吸管吸出了他大脑中的大部分海马体及其周围的部分内侧颞叶。

手术初看上去非常成功，因为莫莱森的癫痫发作频率迅速减少。

正当人们准备庆祝这一手术成功的时候，人们发现一个以前未曾想到的副作用：莫莱森再也无法形成新的记忆了，也就是他再也记不住新的东西了。尽管他还能记得很多年前的事情。

莫莱森从手术之后到他去世，生活里就只剩下一个内容：接受实验和研究。他的名字也蜕变成一个冰冷的代号H.M.。去世之后，他的大脑被切成2400片，保存在加州大学圣地亚哥分校，仍然被科学家研究。

科学家将莫莱森大脑被吸走的部位（海马体）和他的行为表现联系了起来，认为海马体在将短时记忆转化到长时记忆中发挥着关键作用。这一结果促使科学家将记忆与特定脑区建立起联系，大大推动了人们对记忆的认识。

20纳米的距离：不腻与不弃

卡哈尔说两个细胞会相互联系，赫布说两个细胞会因放电联系在一起，那么两个细胞是如何连在一起的？

两个恋人要相隔多远才能既保持亲密，而又不失去自我？

答案是20纳米。两个细胞的神经突起会无限接近，正好停在相隔20纳米的位置。这样既可以保证信号的及时传递，同时又保持两个细胞的相互独立。

学习，就发生在这20纳米的距离之间。

学习会导致这20纳米距离之间信号传递效率的变化（增强或减弱）。而传递效率变化的根基是生化特征的变化（神经递质）。假设两个神经突出是A和B，A有个信息想传递给B，于是A把信息交给邮递员，他拿着信息一路小跑去交给B。但学习的作用可以加强这两者之间的联系，比如让邮递员不用跑，而是给他配备自行车、汽车或飞机等，这样可以使信息传递效率大大提高。

而每一次学习，都是在改变AB之间的传递方式。有时候这两个点之间的信息传递非常频繁，邮递员太忙了，我们会新建一条高速公路（新增突触）来做同样的事。

于是，问题又来了：赫布定律说两个神经元要一起活动才能建立联系。那么，这个"一起活动"该怎么理解？或者，谁负责探测这两个之间活动的一致性？

承担这个任务的叫NMDA（天冬氨酸）受体，它就像一个睡神，一般时间都在睡觉，只有当两个神经元几乎在同一时刻兴奋时才能唤醒它。

所以，这取决于NMDA受体这个睡神的反射弧长短。

如果你足够机智，你会发现：如果我们能够控制NMDA受体这个睡神的敏感度呢？

第一种方法，以前两个神经元兴奋的误差在20毫秒以内就可以激活NMDA受体，我们通过调整，使两个时间差在50毫秒以内的都被认为同时激活，是否就可以更好地促进学习？想法很好，但这种思路是错误的。如果误差变大也能被认为是同时发生的，结果就可能把一些无关的细胞活动都联系在一起，都认为是学习。这样，大脑会乱成一锅粥。

第二种方法，如果我们增加NMDA受体的数量，是否会增加细胞之间建立联系的机会，或者增强细胞之间的联系？不是说NMDA受体只有在两个神经元同时叫它的时候才会醒吗？那么，现在我找十个NMDA受体过来，然后一起喊它们。说不定就有个NMDA受体会被叫醒，最少提高了叫醒的成功率。这个还真有人做过。华人科学家钱卓就让小老鼠脑中海马体（记忆相关的重要脑区）产生超量的NMDA受体，结果，老鼠们很快变得非常聪明了。不过，他没敢继续增加老鼠NMDA受体的含量。

目前，聪明药（增强记忆药物）的研发主要是走这条路线。

语言思维——语言是工具，变异偶得之

夜深人静，万物沉寂。玩了半晚上手机的你，疲惫地把自己扔在床上。

"今天我又没控制住自己玩手机的时间，我真是个没用的人。"你有些愧疚。

"不过，"你转念一想，"早上对面的王小花冲我微笑了，她是不是对我有意思？"想着想着你笑了，笑着笑着你睡着了，口水流了一枕头，在枕巾上勾勒出弯曲的线条，像蜿蜒流淌的黄河。

如果上面你思考事情的整个过程，没有语言作为载体，它会以何种方式产生？

卡尔·弗里希：因研究摇臀舞而获诺贝尔奖

卡尔·弗里希出生于维也纳书香之家，毕业于维也纳大学和慕尼黑大学，却把时间大量花在看摇臀舞上了。

不过，他却因为研究摇臀舞而获得了诺贝尔生理学或医学奖（1973）。

天哪！你一定在感叹：还有这等好事。你是否已经在摩拳擦掌准备献身科研事业了？

可，弗里希看的是蜜蜂的摇臀舞。

弗里希通过对蜜蜂行为的仔细观察发现：采蜜回来的工蜂会通过摇臀舞（Waggle Dance）的形式来告诉其他工蜂花蜜的位置。蜜蜂会一边在蜂巢上爬行，一边快速摇动尾巴，并且会重复多次。比如下图，直线与太阳的夹角表示了花蜜的方位，而摇臀舞的时间则表示距离的远近。

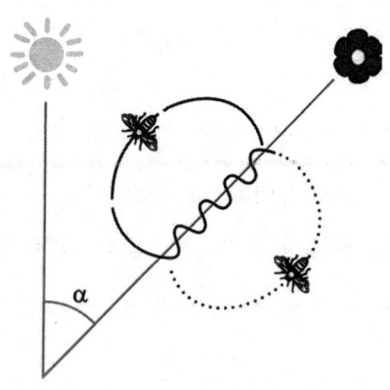

弗里希的论文一发表，很多人都笑抽了，包括很多科学家。大家一致认为弗里希是当时最牛的段子手，纷纷说你还是让蜜蜂帮忙解决哥德巴赫猜想吧。

但是，很快事实就啪啪打了他们的脸。这些人发现自己当初的嘲笑行为显得多么低级：蜜蜂不但会摇臀舞，还能借助嗅觉、味觉、触觉等表达复杂的信息。

生命个体之间信号传递的方式古已有之，特别是对社会化的物种。比如，蜜蜂会摇臀舞、蚂蚁有灵敏的触角等。可以说，信息的有效交流和传递是复杂社会分工的基础。没有它，蜜蜂就成乌合之众，蚁群就是热锅上的黑点点。

人类更是如此。甚至可以说，就是因为人类具有复杂的信息交流能力（特别是语言能力），才让我们掌握了占领这个星球的最有力武器：我们通过语言文字可以共享信息，可以储存信息，可以分享信息，可以累积信息，还可以创造信息。

语言让知识和技能得以跨越时间和空间的限制。与人类的语言相比，动物的信息交流非常有限。

乔姆斯基：语言学界的弗洛伊德，被爱被恨的异见者

涉及语言，就必须要提到乔姆斯基。一个星光闪闪却争议巨大的名字。

艾弗拉姆·乔姆斯基（Avram Chomsky），1928年生于费城，二十七岁在宾夕法尼亚大学取得博士学位，三十三岁任职麻省理工学院正教授。

看这简历，一般会判断乔姆斯基是一个喜欢做学问的呆子。但答案出乎你的意料：他是一位出了名的"异见者"，无论美国出什么政策，他都反对。十岁便写作文提到警惕纳粹的野心（那时"二战"尚未打响，足见其预见性）；十三岁起便开始发表政治言论；少年时参加左翼共产主义运动；二十世纪六十年代投入反战运动。

甚至在"9·11事件"发生的当月，他就写了一本书，一鸣惊人地指出：美国本身便是头号恐怖主义国家。这在所有美国人都同仇敌忾的气氛下，多少有些让人惊掉下巴。因此，他有很多信徒，也有很多反对者。

乔姆斯基认为，人类语言的独特性质就像是搭积木：我们可以在语法的框架下，随意组装词语，进而表达思想。比如，"我踢着方的皮球，它的角可以戳伤你的头"这种胡言乱语的话只有人类能说。而就是这种说胡话的能力，为信息共享提供了无限可能的信息载体。

不要认为胡话没有意义，它是信息可以无限扩展的体现。

乔姆斯基也认为，人类语言的出现是偶然现象。但怎么出现的，他没给出回答。回答这个问题，还得依靠生理学的进展。

布洛卡：一个特殊病号让他名垂青史

黄昏，夕阳透过窗户斜照在实验室的墙上，仿佛给墙镀了一层金闪闪的膜。一天中最美好的时间来了。

布洛卡医生正在认真给他新收集到的大脑称重量，他想探究大脑体积和聪明程度之间的关系。这时，他的助手打断了他：有一位奇怪的病人，您一定会感兴趣。

布洛卡：你好，你感觉有什么不对的地方？

病人：说话……我……想……困难……你……

布洛卡皱了皱眉头，显然没怎么听懂对方在说什么。

不过，他立刻想到：这人是不是智力不正常。他下意识地看了看病人的脑袋，心里想和刚才称的那个应该差不多大小。

助手带病人去做了一番测量，结果发现此人智力正常。

病人去世后，布洛卡解剖了他的大脑，发现在他大脑的左侧中前区域，有一块损伤。布洛卡怀疑，这块区域的损坏和病人表现出的语法逻辑混乱有关系。也就是说，这个区域是负责给语言组织制定规则的。

布洛卡的猜测是正确的。后来的研究证明，这个区域负责语言的表达发声。这个区域也被命名为：布洛卡区。

不久之后，一名德国医生发现了另外一个区域：此区域负责语言的理解。如果此区域坏了，人们虽然能说话，但听不懂别人的话。此区域被命名为：威尔尼克区。

后来，科学家相继发现了大脑中负责听觉的皮层，还发现在布洛卡区和威尔尼克区之间存在白质纤维的链接（弓状束），如果弓状束损伤，则造成我们能听懂，也能表达，就是无法复述别人的话。

可以说，特殊病人群体在最初语言的研究中发挥了重要的作用。

在复述的过程中，外界的声音会通过耳膜引起我们听觉皮层的兴奋（负责解码信息）；听觉皮层将这一信息传递给威尔尼克区（负责理解信息）；威尔尼克区通过弓状束将信息传导到布洛卡区（负责输出信息）；然后布洛卡区将信息传导到支配口腔和声带的肌肉运动区，进而产生声音。

Foxp2：一个基因突变让我们脱颖而出

我们是怎么获得语言这一超级武器的？

我们的基因和黑猩猩的具有极高的相似度，甚至在外形上都差别不大。但是，我们成为一个超级物种，只用几千年的时间就建立起了波澜壮阔的人类文明；而黑猩猩还是黑猩猩。

人类语言的产生大约有二十万年了，而传统的演化观点也很难解释这发生在仅仅二十万年里的剧烈变化。二十万年对三十八亿年地球生物演化史来说只是微不足道的一瞬。

一个偶然的机会，KE家族的出现让科学家探寻到了问题的根源。KE家族的一些成员患有遗传性的语言障碍，且有好几代人深受其害。

通过对患病和无病的家族成员的染色体的扫描对比，研究人员将该基因定位在第7号染色体上，命名为Foxp2。

二十万年前，一次Foxp2的基因突变使人类具有了语言能力，进而拉开了波澜壮阔的人类演化史；而二十万年后，Foxp2的再次突变，使得KE家族的人丧失了作为一种调控因子诱导大脑神经元迁移后分化的重要功能，使他们失去了个体言语能力。

Foxp2是一组基因，基因数目约在一万个左右。它们被证明与人类独有的语言功能和创造力紧密相关。正是它们的随机突变，才诱发了人类文化崭新模式的出现。

从这个角度讲，人类起源的"同源说"更靠谱，也就是目前世界上所有的人种都起源于非洲，非洲智人是我们共同的祖先。因为，如果不同人种分别演化，都同时产生Foxp2基因突变的概率几乎是零。

由此推断，山顶洞人不是我们的祖先。我们的祖先来自非洲。

去非洲旅游，才是真正的"寻根之旅"。

维果斯基：语言是思维的工具

维果斯基，1896年生于俄国明斯克的一个小镇上。毕业于莫斯科大学。虽然三十八岁即英年早逝，却是为数不多的能在心理学史上留下名字的苏联心理学家。

维果斯基认为，儿童发展有两个层面。

第一，自然的线（The Natural Line）：即人类的成长、成熟及心智的自然发展。这些内容不需要教，它会自然发展。就如同你从来不担心小公鸡生下来不会吃米，不会长成大公鸡一样。

第二，文化的线（The Cultural Line）：指的是学习和使用文化工具，以及参与文化活动的知觉意识。

这里的文化工具，就是语言。语言是人们用来修正行为，建立思想以及形成高层次、自我规范的思考过程非常有用的工具。

说得简单些：我们依靠语言进行思维。没有了语言，我们的思维就只能很表层，很浅薄。难以做出深刻的推理、判断、归纳等。

不信你比较下面的例子，看看是不是如果语言跟不上，不但思考深度有差异，甚至连欣赏美的层次都会落伍。

比如，看到夕阳浸染西山，河水映日绵延。

王维说：大漠孤烟直，长河落日圆。

王勃说：落霞与孤鹜齐飞，秋水共长天一色。

你说：真好看耶。

情绪情感——真笑需用心，坏情绪伤身

晴朗的夏夜，宁静的校园里到处充斥着蛐蛐的叫声。

校园的每个灯光暗淡的角落，都有恋爱中的男男女女，他们两两配对，均匀地分布在黑影里。他们尽管距离不远，但依然能做到互不干扰；他们或轻声细语，或耳鬓厮磨。

于是，蚊子有福了。

是的，蚊子来了。它们比夏天的阳光还热情，比运动后的汗水更密集，且死缠烂打，不离不弃。

科学家发现一个问题：蚊子总是喜欢咬恋爱中的人。

是什么原因呢？

大家首先想到的肯定是：恋爱的人喜欢往黑影里钻，对这送上门的

大餐蚊子当然喜欢。这当然是原因，但凑热闹的单身人士就较少被咬。

还有一个重要的原因：热恋中的人，会分泌多巴胺。它是一种可以让你感到很快乐，同时可以让身体发出轻微香味的物质。蚊子特别喜欢喝这种味道的血：味道好，喝了还能让自己很快乐。

蚊子喝到热恋中的人的血，就像是去了一趟三星米其林餐厅，是一种享受；而平时喝一口一般人的血，就像馒头加榨菜，充饥而已。

这不是开玩笑，它可是科学实验的结果：科学家把各种人关进布满蚊子的房间，最终发现处在热恋中的人身上蚊子包的数量远远高于单身者的。

当然，还有另外一个极端：那些长期处在情绪低潮的人，或者长期处于愤怒中的人，连蚊子都嫌弃他。

是什么影响了蚊子的选择？是情绪。是人的情绪，不是蚊子的情绪。

什么是情绪？

情绪就是我们的感受，是我们对我们认为具有意义的情境做出的反应。它包括身体的、心理的和生理的反应。情绪也具有感染力，它会影响我们的思维、身体、认知和身心健康。

情绪可不是你冲我笑笑这么简单。它通常伴随着行为、生理甚至内分泌的变化。我们看电影的时候，经常可以看到的测谎仪就是利用了情绪的这一特征。

我们产生某些情绪的时候：

行为上，我们的面部肌肉会活动（表情），同时身体动作也会产生变化。比如，看到喜欢的女孩，笑得脸上的肌肉都快抽筋了；然后双手不知道往哪里放。

生理上，交感神经系统的激活，让血压和心率发生变化、新陈代谢发生变化等。比如，当你鼓起勇气想约自己喜欢的女孩的时候，感觉心脏都快跳出来了，脸也变得通红。

更深层次上，人还会分泌应激激素，比如肾上腺素、去甲肾上腺素、类固醇等。这些神经调质进入血液，流到全身各处。本文开头的蚊子，就是利用这一原理寻找美味大餐的。

表情是情绪的重要表达渠道

（1）艾克曼：表情具有跨文化特性。

保罗·艾克曼是一位表情专家。他研究微表情四十年，研究群体涉及不同的文化和种族，他甚至跑到新几内亚的原始部落里去做研究，因为那里的人们与世隔绝，未受到现代文明的影响。如果原始部落的人们能做出和现代文明的人同样的表情，那么可以证明表情是可以跨越文化的。

他通过大量的研究证明，人类有七种情绪具有世界普遍性，它们是：快乐、惊奇、愤怒、厌恶、恐惧、悲伤和轻蔑。也就是，这七种表情无论在哪种文化里，无论是否经过学习，都能被有效地识别和表达。

（2）杜氏：真笑和假笑。

通常认为，当我们体验到某种情绪时，大脑会控制肌肉做出面部表情。

但杜氏的研究打破了人们的认识。杜氏发现了两组特殊的人。

第一种，意志性面瘫的人。这种人的面部肌肉不能随意运动，也就是控制不了自己负责表情的肌肉了（由初级运动皮层的面孔区受损所致）。

实验者：请笑一笑。患者经过各种努力，脸上的肌肉仍然不活动。

实验者无奈地冲他做了个鬼脸，但是患者却开心地笑了，脸上的肌肉皱成喇叭花。

第二种，情绪性面瘫的人。这种人面部肌肉能够随意运动，随意做出各种表情，但情绪反应时面部肌肉缺乏运动（由前额叶的脑岛受损所致）。

实验者：请笑一笑。患者立刻做出笑的表情。

实验者冲他做了个鬼脸，可是无论实验者做出多么搞笑的动作，患者都是面无表情。

这两组人的对比表明，我们所做出的职业性笑的表情和我们真正发自内心的笑是分离的，是由大脑中不同的区域分别负责的。

杜氏进一步总结：一个发自内心的微笑，需要眼周肌肉的参与；而社会性的假笑或社交笑容无法让其参与。这块肌肉被称为杜氏型肌。

情绪具有社会属性

足球比赛中的某些行为，对经常看足球比赛的人来说稀松平常。比如，进球了，球员或者飞奔，或者对着观众大喊，他们会做出夸张的表情，同时还要抱在一起或者叠罗汉。

但看比赛少的人会奇怪：至于夸张成这样吗？

科学家还真的研究了这种表现。

实验者让人们打保龄球，然后偷偷通过隐蔽的摄像头观察他们的行为，特别是看他们打出全中时的表现。他们发现，如果只有一个人在场，他们通常只是笑笑而已，流露出少许的快乐。但是，如果有一群人在场，不论他是否认识那些人，他都会表现得很夸张。

是的，有些情绪，就是表演给别人看的。

可别认为这是长大了学习的结果。因为科学家观察发现十个月大的婴儿就能表现出这种行为。比如，他成功地啃到了自己的脚趾，如果没大人在场，他就一乐；而如果有大人在场，他通常会呀呀呀地表达自己的快乐。

所以，有些笑话，需要在人多的时候讲才有效果；喜剧电影，人多一起看才更可笑。

情绪具有生理属性

（1）不知道害怕的人。

美国有一个妇女，是有名的天不怕地不怕。她不怕蛇，不怕恐怖电影。曾经有抢劫犯拿枪指着她，她竟然也毫无反应。她去鬼屋找刺激，结果把鬼屋里扮鬼的员工给吓跑了。

原因是：她患了一种特殊的遗传病，疾病导致她的杏仁核损伤。大脑中的这个杏仁核，是负责情绪处理的核心区域。当害怕蜘蛛的人看到蜘蛛的时候，当你看恐怖片的时候，杏仁核就会很活跃。

当然，除了杏仁核之外，科学研究还发现很多跟情绪相关的大脑区域。

（2）不作就不会死的猴子。

生理学家梅尔曼（Mehlman）和他的同事喜欢观察猴子们打架。

他们在动物园里追踪观察47只小雄猴，观察了四年，结果发现很多小雄猴会被老猴子杀死。而被杀死的猴子都具有一个特点：它们的五羟色胺（5-HT）偏低。特别是第一个被杀死的就是五羟色胺最低的小猴子。

研究发现，五羟色胺水平低的小雄猴会表现出更多冒险行为：它们喜欢攻击年长且体型更大的猴子。结果是，大猴子生气了，直接将它们咬死，或者摔死。

实验说明：五羟色胺可以抑制我们的攻击行为，缺乏五羟色胺让我们更愿意冒风险。

他们还做了一个实验：实验中将一群猴子的猴王移走，造成群猴无首的局面，于是很多猴子都觊觎猴王宝座。通常，余下的两只最强壮的雄猴是新猴王的备选。

实验者给两只大雄猴分别做了不同的处理：一只每天给它打一种药，促使它分泌更多五羟色胺；另一只天天打另一种药，抑制它分泌五羟色胺。

猜猜，谁会成为新猴王？

很多人会说，当然是抑制五羟色胺的猴子了，因为五羟色胺越低猴子攻击性越强，就越有可能成为新猴王，毕竟我们认为猴子的世界靠的是拳头。

但是，结果是促进五羟色胺分泌的猴子当了猴王。尽管他的攻击性被降低了，但猴子也需要社交，也需要体贴爱护雌猴子，大家才拥护它。

有反社会倾向的人，比如反社会人格、暴力犯罪人格等，他们通常五羟色胺分泌较少。于是，他们无法抑制自己的行为，进而表现出具有更多的攻击性行为，包括暴力犯罪。因此，他们需要服用氟西汀，一种促进五羟色胺分泌的药物。

情绪，很大程度上被我们的生理特征左右。但它不是逃避惩罚的借口。

（3）命大的盖奇

1848年，正是美国铁路大发展时期。菲尼斯·盖奇（Phineas Gage），一个铁路工地领班，正梳着精致的黑发在佛蒙特州的拉特兰—伯灵顿铁路清理岩石。

可是，当他正努力用铁钎撬动面前的岩石时，意外的爆炸发生了。他的铁钎在爆炸力的作用下直接向相反的地方（他的脸）飞来。盖奇来不及躲闪，铁钎瞬间从他的左脸穿入，从头顶部穿出。

这根铁钎超过3英尺（约0.9米）长，重量超过30斤。当时所有的人都确信盖奇肯定活不了了。

不过盖奇却奇迹地康复了，当然一只眼睛无法恢复了。据主治医师回忆，虽然有一半茶匙容量的脑组织漏到了地上，但盖奇的意识始终都很清醒，并且康复得也相当顺利。

他的同事给他开了个康复聚会，欢迎他的回归。而他也拿着那根铁钎合了个影，以黑色幽默的方式向命运宣战。但他们很快发现了盖奇的变化：从前聪慧的、性情平和的、有责任感的盖奇，现在变得粗暴、难以琢磨并且非常情绪化。

盖奇失去了眶额皮层，也就是眼眶上边的大脑皮层。眶额皮层牵涉到对风险的敏感性，奖赏与惩罚等复杂的决策任务。大脑这部分受损的人在冲动抑制和理解力方面存在问题，并且对感知到的侵犯有强烈的反应。盖奇就是这样。

盖奇的例子说明，我们大脑内有一块区域是负责控制情绪和冲动的，它极可能是眶额皮层。

情绪和行为相互作用。

人的行为会产生情绪，同时，情绪也会反过来影响我们的行为。比如，大哭一场可以使你的悲伤情绪得到宣泄；同样，如果你现在努力做出笑的表情，它也会使你感觉好一点。

正如杨绛先生所言："有时候，我们不得不坚强，于是乎，在假装坚强中，就真的越来越坚强了。"

自我意识——镜像辨是谁，躯壳似傀儡

"我"是谁？这是从苏格拉底到看门大爷都经常问的问题。

苏格拉底：我是谁？我从哪里来？要到哪里去？

看门大爷：你是谁？你从哪里来？要到哪里去？

如果问你"我是谁"，你肯定说我当然就是我呀。似乎每个人都非常了解"我"，因为它就像空气一样自然，像本能一样不需要思考，是一个不需要解释的东西。

其实，"我"是一个非常独特的存在。并且，我们人类能意识到"我"的存在，并给它起了个名字：自我意识。

盖洛普的镜子与阿姆斯特丹的点红测验

美国心理学家戈登·盖洛普（Gorden Gallap Jr.）想测查动物是否能分辨自我。他用的方法很巧妙，就是找一群爱臭美的大猩猩（喜欢照镜子），在大猩猩被麻醉（或者睡着）的时候，偷偷在它脸上点上几个小红点。等到大猩猩醒来再照镜子的时候，观察它们是否能意识到小红点的存在，进而去摸自己脸相应的部位。

结果大猩猩立刻发现脸上的红点，并各种抓挠自己的脸，甚至不惜把自己的脸挠破。

通过实验证明能分辨自我的有：黑猩猩、大象、海豚、喜鹊等。不能分辨自我的有：猕猴、狗、猫等。

心理学家阿姆斯特丹受这一实验启发，将它应用到对幼儿的测量上。他偷偷给孩子涂上口红或者眉心上点个点，然后再观察儿童照镜子时的表现。

十八个月内的孩子：那个小孩是谁？（完全无视镜子里的自己。）

十八个月左右的孩子：一半孩子把自己的口红擦掉，一半没有。（这可能是人类自我意识发生的年龄。）

两岁的孩子：谁干的？谁干的？

这个实验的巧妙之处在于：它将抽象的自我意识变得可以测量。

意识到镜子里的自己可不是个简单过程。它最少需要三个能力：感受外部信息（镜子里的信息），了解自我状态（我现在应该啥样），匹配和比较以上两者。正是有了这种自我意识，我们产生了智慧生命，产生了探索自身、探索自然、探索宇宙的强大动力。

里佐拉蒂的镜像神经元（Mirror Neuron）

意大利神经科学家贾科莫·里佐拉蒂（Giacomo Rizzolatti）正在帕尔马大学实验室里做实验。他有点暴力。他直接把细细的电极插入猴子大脑控制躯体运动的区域。这样可以记录大脑的神经电信号。

他在猴子前面放上花生，引诱猴子去抓。

于是，科学家通过记录的信号发现：猴子在产生"抓花生"这个动作之前，某些神经细胞就会产生强烈电信号。这说明，这个区域是控制猴子"抓花生"的。

实验完成后，实验员开始把花生拿走。

奇怪的是，在实验者拿走花生的时候，在猴子大脑同一区域也记录到同样的强烈电信号，且表现完全一模一样。

也就是说猴子对两种动作的反应是一致的：自己拿花生，别人拿花生。

举个例子：你和朋友到餐厅吃饭，朋友买了一个鸡腿来啃。这时候，你的大脑里某神经细胞会产生"啃鸡腿"的信号，它的特征和正坐在你对面啃鸡腿的朋友大脑中的反应是一样的。尽管你连个鸡骨头都没吃到。

也就是说，我们看一个动作和我们做一个同样的动作，它是由同一个神经元负责，并且反应模式是一样的。

现在再回到照镜子的实验上来。我们看镜子里的自己在做某件事和我们自己真正去做某件事是同一个神经元负责加工的。所以，如果两者不一样，立刻就能分辨出来。因为它是由一个神经元负责的。我们就是这么厉害。

所以，科学家给这些神经元取名：镜像神经元。

问题突然解决了，分辨镜子里的自己原来在脑中可以这么简单就能完成：只需要一个神经元就够了。

"我"的"膨胀"

"我"的概念范畴不单单是镜子里的那个我，它是一个很广的概念，超过简单对镜子里自己的辨识。比如，"我是一个勤奋的人""我有很多好朋友""我喜欢啃鸡腿"等。并且，我们在学习的过程中，会不断给"我"这个概念增加大量的附属意义，就像你不断给自己添加各种衣服，塞满你的衣柜一样。

"自我"是否存在相应的生理基础？比如是否有某块大脑专门负责加工"自我"？北京大学心理学系朱颖团队进行了一项有意思的研究。

他们让中国人回忆和评价自己与母亲的某些行为，然后让美国人也这么做。结果发现，中国人在评价母亲和评价自己的时候，使用了同样一块大脑区域，而美国人评价母亲和自己的时候分别应用不同的大脑区域。

意思是：中国人把母亲作为"我"的一部分，母亲是"自我"的扩展。而对美国人来说，我是我，母亲是母亲。

因此，"我"是可以扩展的，它深受个人和文化的影响。比如，喜欢孩子的人，会把孩子作为自己的一部分扩展；而另外一群人，则认为孩子是孩子，我是我。所以，在我们的文化里，父母愿意为孩子付出很多，甚至不惜代价，这就是把孩子作为"自我"一部分的结果。

那这个实验里，评价自我的时候大脑活动的区域，是否就是自我意识的区域呢？

这个脑区叫MPFC（内侧前额叶皮层），它被发现在评价自我的时候会兴奋。于是很多科学家认为它参与了自我意识的过程。这似乎意味着自我意识的谜团差不多揭开了。但是，在2012年，科学家报告了一位R病人（因为病人尚在世，一般用字母代表其名字），发现他的MPFC几乎全部损坏了，但是他的自我意识依然非常完整。这使相关研究再次陷入混沌。

这说明，我们离揭示"我"的本质仍然很远。

"我"的行为都是受"我"控制的吗？

你可能会觉得，尽管我们对"我"的研究还需要深入，但至少我们还可以自由控制我们的行为和想法。

你先别太乐观。加州大学旧金山分校，一位叫本杰明·李贝特的心理学家正在做研究。

他让人们带上电极（贴在头皮上），然后让人们自由做一些动作，比如按压按钮。他发现，在我们决定按按钮之前大约200毫秒，我们大脑已经提前产生了相应的电信号。

也就是，你还没做决定，你的神经元已经替你做决定了。而你不过是在执行神经元的命令而已。进一步说，你的躯体只是神经元的傀儡。只不过，神经元的活动让你在幻觉上认为是你在控制自己。

一般人会反驳：这些最简单的行为可能是习惯性反应，只是大脑记住了我们的反应模式，自动进行反馈了。就像打篮球，在我们运球或投篮的时候，你认为你在有意识地调整，其实都是肌肉记忆在活动。

好，那我们看个复杂的实验。

我们去美国东北部一个小城——纽黑文。这时，只有6万人的纽黑文小城分外热闹。

"号外号外。参加研究就有大额报酬，还有交通补贴。"卖报的人用力地喊着。

很多人禁不住好奇，纷纷买来一看，报纸上写着：

"寻求志愿者来耶鲁大学进行记忆力和学习方法的研究。参加者每小时可获4美元，外加交通费的报酬。"（当时4美元的购买力，大约相当于现在人民币200元）。

很快，人们蜂拥而至。然而，他们不知道，这一切，都是一场精心设计的实验。

实验者斯坦利·米尔格拉姆（Stanley Milgram）告诉他们：这是在研究惩罚对单词记忆的影响。也就是看看惩罚是否能促使人们更好地背单词。

而这里的惩罚，便是对作为"学生"的背单词的人施加电击。

他制作了一个极其逼真的电击装置：一个闪亮的大金属箱子，上面有一排按钮，共30个，每一个按钮都对应着一种程度的电压：最低从15伏开始，每个按钮的电压以15伏为单位递增。因此，不同的按键表示电击的强度：从轻微电击，到较强电击，再到强烈电击、危险电击、严重电击，直至最后的两个按钮，上面只是简单标记着×，表示基本会出人命的意思。

当然，这不是个真正的电击装置，因为任何一个等级的按钮都不会放出丝毫电流。所有被电击者的痛苦表现，都是表演出来的（被蒙在鼓里的，只有报名参加实验的人）。

比如：

75伏开始时，"学生"会发出呻吟声：有些痛了。

到120伏的时候，"学生"大喊：电击已经弄得我很痛了。

到150伏时，"学生"惨叫：我受够了，放我出去。

到270伏到300伏时，"学生"会歇斯底里地叫喊：我有心脏病，我要立即退出实验。

超过330伏时，隔壁只有可怕的沉静（表示已经晕过去了）。

整个过程中，实验人员面无表情，只会说："请继续。"

实验结果绝对让你意外：一共40人参加实验。其中选择：

轻微电击（15伏—60伏）的0人；

中等电击（75伏—120伏）的0人；

较强电击（135伏—180伏）的0人；

很强电击（195伏—240伏）的0人；

猛烈电击（255伏—300伏）的5人；

极为猛烈电击（315伏—360伏）的8人；

危险、严重电击（375伏–420伏）的1人；

×（435伏—450伏）的26人。

为了4美元，竟然其中有26人愿意致他人于死地（按×键）。而在平时，这些人连杀一只鸡都不敢。这个时候他们怎么能这么残忍？

这一幕是不是很熟悉：

"二战"前，纳粹疯狂屠杀犹太人。而参与屠杀的人，很可能就是平日里文质彬彬、斯文儒雅的邻居。因此战后审判的时候，很多人也感觉自己很无辜，他们感觉只是"简单地执行上级的命令"。

人的行为受环境的影响很大，有时候人很容易失去自我。

你还认为你能自由地控制你的行为吗？

似乎很难。但这不是你逃脱责任的借口。正如服从命令不能为大屠杀的行为辩解一样。

附 录

心理学大事年表

1879年，冯特建立第一个心理学实验室。

冯特在德国莱比锡大学建立了世界上第一个心理学实验室，标志着心理学学科诞生。冯特的学生包括：卡特尔、霍尔等。

1883年，霍尔建立第一个美国心理学实验室。

冯特的学生霍尔，在约翰霍普金斯大学建立第一个美国心理学实验室。

1888年，第一个心理学教授。

第一个心理学教授头衔授予卡特尔。卡特尔曾执教于宾夕法尼亚大学和哥伦比亚大学。

1892年，美国心理学会成立。

霍尔建立美国心理学会，并任第一届学会主席。

1896—1900年，心理学流派井喷。

机能主义心理学派建立。这一理论关注心理活动和心理机能。代表人物是威廉·詹姆斯和约翰·杜威。

精神分析流派建立。弗洛伊德建立精神分析流派，主张通过对心理进行分析，进而探讨对心理疾病的干预策略。其方法包括自由联想与梦的解析等。

结构主义流派建立。这一理论认为所有的心理过程都可以被看作由简单成分和事件组成的联合。

第一个心理诊所建立。韦特默在宾夕法尼亚大学开设第一个心理诊所。

1905年，美国心理学会第一个女性主席诞生。

卡尔金斯，威廉·詹姆斯的学生。尽管因为性别原因，哈佛大学没有授予其博士学位，但仍当选心理学会主席。

1905年，第一个智商量表。

比奈和西蒙开发出第一个一般智力量表。

1909年，弗洛伊德访问美国。

弗洛伊德和荣格应霍尔之邀访问美国克拉克大学。

1913年，行为主义创立。

约翰·华生发表了论文《一个行为主义者眼中的心理学》，标志着行为主义的创立。它主张研究可观察和可测量的行为。

1920年，皮亚杰发表《孩子的世界观》。

瑞士心理学家皮亚杰发表《孩子的世界观》，开启了对儿童认知发展的研究。

1929年，发现脑电图。

精神病学家伯格研制出了脑电图，并在他儿子身上尝试应用。脑电图通过附着在大脑上的电极来记录大脑活动。

1937年，霍妮新书出版。

霍妮发表《我们时代的神经症人格》，挑战弗洛伊德的很多理论。

1938年，斯金纳新书出版。

斯金纳出版《有机体的行为》，系统介绍了操作性条件反射。

1938年，电休克疗法开始应用。

意大利精神病学家乌戈·切莱蒂开始应用电休克疗法治疗精神病，并证明了其在很多情况下的有效性。

1953年，美国心理学会建立实验伦理。

美国心理学会出版第一版《心理学家伦理条例》，开始规范心理学研究伦理。

1954年，奥尔伯特出版《嫉妒的本质》。

社会心理学家奥尔伯特出版《嫉妒的本质》，尝试用心理学方法探讨社会问题。

1954年，生理心理学创立。

神经学家彭菲尔德开始探究大脑中化学反应与心理现象的关系。

1954年，人本主义心理学创立。

罗杰斯和马斯洛在心理分析和行为主义之后，创建了心理学的"第三势力"——人本主义。关注意识、自由意志、人类尊严和自我实现等。

1956年，认知心理学创立。

米勒受数学等其他学科的启发，发表《神奇的数字7±2》，开启了认知心理学的研究。

1957年，乔姆斯基出版《句法结构》。

《句法结构》推动了心理语言学的研究。

1962年，第一台超导磁体的核磁共振波谱测定仪诞生。

世界上第一台超导磁体的核磁共振波谱测定仪在瓦里安公司诞生。

1973年，同性恋不再被认为是精神病。

同性恋被从美国《精神疾病诊断与统计手册》中移除，不再作为一种精神疾病。

1974年，第一台商业PET进入临床使用。

PET（Positron Emission Tomography，正电子断层扫描），通过追踪大脑中化学物质的变化，描绘大脑功能。

1976年，演化心理学创立。

道金斯发表《自私的基因》，用演化生物学的观点理解大脑结构和心理功能，成为演化心理学的开山之作。

1983年，第一台超导磁共振产生。

飞利浦生产出了第一台超导磁共振Gyroscan S5。

1990年，文化心理学出现。

布鲁纳创建文化心理学。聚焦于思维、文化和行为之间的相互影响。

1990年，小川诚二报告血氧的T2效应。

美国贝尔实验室的学者小川诚二首次报告了血氧的T2效应。

2000年，人类基因组计划基本完成对人类DNA的测序工作。

这一计划于1985年率先提出，于1990年正式启动。2000年，人类基因组草图的绘制基本完成；2003年，人类基因组计划的测序工作全部完成。

2013年，美国"脑计划"开始实施。

奥巴马政府开展为期十年的美国"脑计划"，并带动欧盟、日本、中国等实施类似的脑计划。

2013年，DSM-5出版。

美国《精神疾病诊断与统计手册》第五版（DSM-5）出版。

中国心理学会大事

1921年中华心理学会创立。

1921年在南京的一批心理学工作者发起倡议成立"中华心理学会",这是中国心理学家最早的群众性学术团体组织。

1937年重组"中国心理学会"。

1937年在南京召开了中国心理学会第一届理事会和出版委员会。

1980年加入国际心理科学联合会。

中国心理学走出中国,成为国际心理科学联合会的一员。

2004年,第28届国际心理学大会在北京举行。

国际心理学界的奥林匹克第一次走进中国。

后记：心理是奇迹，认识你自己

让我们严肃地聊聊心理学。

我们人类真是一个独特的生物存在。

这不是因为我们会使用工具（很多动物也会），也不是因为我们能够直立行走（这只是形态差异），而是因为我们会反思，并且尝试探索内心和了解世界运作的规律。

生命的出现本身就是个奇迹。

从在原始海洋的电闪雷鸣中偶然生成第一个氨基酸；到它们聚和并产生第一个可以自我复制的RNA；然后RNA以及精美的细胞壁组成最原始的单细胞生物；接着，原始的力量让细胞开始汇集，形成多细胞生物；之后，生物体的不同部分开始分化，产生不同的功能，形成分工，于是产生最初的复杂生命形态；然后这些生命形态逐渐复杂化，产生了复杂的器官；等到性别的出现，大大提高了物种变异的可能，产生了更多演化的可能；最后产生了我们人类这个能够自己思考的生物。这其中的每一步都是在极低的概率下发生的。

卡尔·萨根说："宇宙那么大，如果只有我们，岂不是太浪费了。"他认为从概率的角度讲，我们不可能是孤独的，因为银河系有数千亿颗恒星，一定会有生命的存在。但是仔细审视生命产生的过程，假如生命演化的每一步都是亿级小概率事件（已经足够乐观了），那么经历生命过程的七八个飞跃，产生具有自我反思的智能生命的概率可能就是亿亿亿亿亿亿亿亿分之一。并且，在这其中任何一点的差错，包括行星撞击、气候巨变等都会随时让生命归零。因此，即便整个银河系都布满适合生命产生的星球，那么这一数量离理论要求也是相差甚远，或许我们还最少需要千亿亿个银河系。事实上，地球的出现也是小概率事件，首先太阳系要正好处在银河系恰当的位置，而地球又恰好在太阳系的恰好位置，并且，地球上布满液体。而到目前为止，人类并未观测到一个类似的地球。

再看看我们周围的生物吧。在演化力量的推动下，它们产生了让人叹为观止的形态和能力，甚至远超人类的想象。植物能光合作用，将光能储存起来；海藻细胞学会了面向阳光；向日葵能朝向太阳；园丁鸟竟然会精心装饰自己的家；害羞的海兔会紧紧蜷缩自己的鳃；沙漠里有自带空调的倭仇鼠；盲鳗会吐痰让对手窒息而死，细菌会发光；等等。每一个生物的特性都在碾压我们人类科技目前所能想象的复杂性。生命科学发展了这么多年，我们离制造一个最简单的生命都遥不可及，更何况具有自我反思的生命体。可以说，我们离揭示生命的本质还有很远的距离。

尽管这些生物都具有我们人类看上去不可企及的能力或特征，也具有我们无法想象的复杂性。但，它们都是盲目的适者生存，它们并没有思考这其中的原因，更没尝试去改变这种结果。

人类的出现更是一个大大的奇迹。

是的，自从第一个古猿人仰望星空，发出第一声带着问号的啼叫开始，我们人类便掌握了可以碾压其他物种的强大工具——自我意识。尽管初期的时候它显得那么无力和脆弱，无法与猛兽的力量、猎豹的速度进行比较，无法跳得比羚羊高、长得比大象重。但是，它让我们开始把控自己的身体，开始主动地分析自我并尝试利用自己的优势。

对外行为上，我们开始聚集成群，利用合作的力量和结合各种策略与自然搏斗，与其他生物搏斗，与其他准人种搏斗（比如彻底灭绝了尼安德特人）。因此，智人虽然身体上不具有优越性，但是，他们可以靠合作的力量战胜强大的对手。这就是智人在极短的时间内能战胜大型动物的原因。而这，就是因为我们有一个两斤重的会思考的大脑。

而另外一方面，我们开始向内求索，我们开始内省，思考自己是谁，从哪里来，到哪里去。我们开始关注知识的积累和经验的传承，创造了符号文字，创办了教育机构，开始通过想象构建出一个新的世界形态。于是，有了神话，有了部落，有了民族，有了爱情，有了法律，有了国家。人类通过想象与协作构建起一个形而上的世界秩序。

人类社会是个伟大的创造。

为了对抗面目狰狞的大自然，对抗比自己高、比自己快、比自己凶猛的动物，我们人类不能一个人去战斗，我们必须呼朋引伴，合作分工，群策群力，用群体的力量去斗争。同时，由于人类幼崽的成长需要一个长期的过程，因此，需要专门的喂养过程，而这需要人来照顾，需要人提供食物，需要人保护安全。复杂的社会分工是完成这一过程的前提，它能够做到单个个体无法完成的任务，从而拓展了我们的能力边界。

性别的出现并不是地球生命演化的必然。无性生殖仍然是地球生物圈的主流，比如大量的细菌、植物等。它们喜欢单身，光靠自己就可以活得很好，它们吃饱了把自己一分为二，就可以让生命繁殖下去。性别的出现大大提升了生命繁殖的难度，一个生物必须找到不同性别的另一半，并且与之携手，才能将自己的遗传物质传递下去。但是，因为需要结合两个个体的基因，后代的多样化就大大提升，这一过程会大大提升生命适应环境的能力。当环境剧烈变化的时候，基因的多样性促使生命得以延续。人类社会中，性别和婚姻，让我们产生了复杂的社会交往，催生了人类的多样性，进而提供了遗传学的准备。

在漫长的进化过程中，自发行为一直操纵着生物：有了吃的就吃，遇到危险就跑，看到异性就想交配，生物不需要什么道德观念。但某一个时间点，我们有了语言，借助语言，我们有了反思和逻辑思维能力。语言的出现，让精确的信息分享成为可能，让知识的传承成为可能，让想象成为可能，也让反思自我成为可能。尽管动物也会通过某些行为传递信号，比如蜜蜂的摇臀舞、蚂蚁的触须等。但是，它之间传递信息的能力非常有限，离构建伟大社会的复杂形态还相去甚远。一个名为Foxp2的基因变异让人类具有了语言能力。有了语言，我们可以进行精确的信息传递与分享，同时，也让我们有了自我反思的能力。曾子曰：每日三省吾身。当你每天躺在床上回顾一天的事情时，除了一幕幕的场景之外，就是那些语言所携带的信息了。

让我们致敬思考人类自身的先贤们。

从有记载的人类文明史开始，先贤们就未曾停止过思考我们人类自己。最早的记载是公元前五六千年亚述人的黏土板（梦书）；古巴比伦、古埃及、古印度、古代中国以及古希腊，人类历史上的一代代思想家创造了辉煌的文明。尽管他们看待问题的答案今天看来很多已经落伍或者被推翻，但是，他们的思考是建立在当时社会生产力的基础之上，建立在当时哲学和数学的发展水平之上的，它为我们提供了许多看待人的本质和解决心理问题的不同方式，这些方式作为我们思考的工具帮助我们不断向前探索。

心理学的发展和产生也同样建立在整个社会哲学发展的基础之上。在古代哲学时代，从最初德谟克利特的古代知觉理论，到苏格拉底的怀疑精神，到柏拉图的演绎推理，亚里士多德的记忆研究，以及后来百家争鸣的哲学流派，包括斯多葛学派和伊壁鸠鲁学派等，都在思考人心理的某些角度，并提供了具有启发性的认识。

文艺复兴运动兴起，西方逐渐进入科学时代。科技的发展促使了哲学的进步，也促使了人对心理现象的进一步认识。科学上，心理学问题从中世纪宗教的领地，逐渐成为每个人都可以思考的问题，成为可以用科学的方法测量的问题；哲学上，我们可以突破传统的束缚，突破宗教的心灵观，将人作为一个生命体进行思考。

终于，在1879年的某一天，威廉·冯特在德国莱比锡大学创立了世界上第一个心理学实验室，标志着心理学学科的诞生。心理学像一个步履蹒跚的婴儿，迷茫而倔强地望着这个世界，用手中现有的工具，敲打、猛戳这个未知的领域。于是，一代代心理学家前赴后继，他们从自身出发，瞎子摸象一样一点点描述心理学这一大象。尽管他们每个人的观点似乎都有偏颇，但是当我们后人把他们的结果拼接在一起时，已然构造出一个近似的大象形象，这就构成我们今天的心理学。

该介绍哪些心理学家呢？

当我尝试从灿若星辰的心理学家中选择一部分进行介绍的时候，我其实是胆战心惊、冷汗不止的。因为和任何一位写入心理学历史的大师相比，我都显得十分渺小，甚至微不足道，我何德何能站在这里对他们指手画脚，评判是非？

但转念一想，如果我能尽我所能让更多的人了解心理学，传播心理学，甚至喜欢上心理学，那么这些大师们一定会选择原谅我，因为他们为心理学付出了一生的努力，当然希望看到这个学科更加繁荣，更受追捧。尽管我这片树叶并没有生长在它的树枝上，但我们都生长在一棵共同的大树上。

所以，在我读了各个版本心理学史的基础上，我把几乎有影响的心理学家都列举出来，他们有接近200位之多。我的进一步选择标准是：（1）曾为心理学的发展做出重大贡献；（2）对当今心理学研究仍产生重大影响；（3）他的研究具有超越心理学的社会意义。依据这三条标准，我筛选出目前的二十几人重点介绍。更多的心理学家，只能委屈他们。这其中甚至包括威廉·冯特，心理学学科的创始人。尽管他开创了心理学这门学科，但是他的理论对当前的研究已经不具有借鉴价值，且未有相应的超越心理学的社会影响，所以只能忍痛割爱。另外，还有机能主义、心理测量，以及各个应用心理学分支领域。因为，本书潜在的读者主要是非心理学专业人士或者心理学专业初入门的学生，因此，讲清他们的社会意义更具价值。

另外，在篇章的取舍上也颇费周折。首先，因为精神分析的影响巨大，并且大师们的绯闻多，互怼多，也是很多人对心理学的第一印象。因此，我就花了相对更多的章节来介绍他们，以期望让大家从耳熟能详的名字入手，这样似乎更容易入门。作为一本科普入门读物，我并没有在篇幅上完全平衡各流派，毕竟不能把书写成教材的模式，那样又脱离本人的初衷了。

其实仔细想想，如果大师们都还活着，也不是每个人都欢迎我介绍他们。因为我是从他们八卦的角度，先扒掉他们的老底，然后再顺便介绍他们的思想。这种思路跟他们那种常常是高高在上，或者被捧上神坛的感觉很不一样。

这个路子确实有点野，但希望能增加你阅读的兴趣，进而了解更多的心理学知识。